中/华/少/年/信/仰/教/育/读

中国古代艺术珍品

中华少年信仰教育读本编写委员会 / 编著

信仰创造英雄　信仰照亮人生

中国出版集团有限公司

世界图书出版公司
北京　广州　上海　西安

图书在版编目（CIP）数据

中国古代艺术珍品 / 中华少年信仰教育读本编写委员会编著 . — 北京：世界图书出版公司，2016.5（2024.5 重印）
　ISBN 978-7-5192-0874-5

　Ⅰ. ①中… Ⅱ. ①中… Ⅲ. ①历史文物—中国—古代—青少年读物 Ⅳ. ① K870.2-49

中国版本图书馆 CIP 数据核字（2016）第 049529 号

书　　名	中国古代艺术珍品
	ZHONGGUO GUDAI YISHU ZHENPIN
编　　著	中华少年信仰教育读本编写委员会
总 策 划	吴　迪
责任编辑	刘梦娜
特约编辑	张劲松
出版发行	世界图书出版有限公司北京分公司
地　　址	北京市东城区朝内大街 137 号
邮　　编	100010
电　　话	010-64033507（总编室）　　（售后）0431-80787855　13894825720
网　　址	http://www.wpcbj.com.cn
邮　　箱	wpcbjst@vip.163.com
销　　售	新华书店及各大平台
印　　刷	北京一鑫印务有限责任公司
开　　本	165 mm×230 mm　1/16
印　　张	12.5
字　　数	163 千字
版　　次	2016 年 8 月第 1 版
印　　次	2024 年 5 月第 5 次印刷
国际书号	ISBN 978-7-5192-0874-5
定　　价	48.00 元

版权所有　翻印必究

（如发现印装质量问题或侵权线索，请与所购图书销售部门联系或调换）

序　言

信仰是什么？

列夫·托尔斯泰说："信仰是人生的动力。"

诗人惠特曼说："没有信仰，则没有名副其实的品行和生命；没有信仰，则没有名副其实的国土。"

信仰主要是指人们对某种理论、学说、主义或宗教的极度尊崇和信服，并把它作为自己的精神寄托和行动的榜样或指南。信仰在心理上表现为对某种事物或目标的向往、仰慕和追求，在行为上表现为在这种精神力量的支配下去解释、改造自然界和人类社会。

信仰，是一个人在任何时候都不能丢的最宝贵的精神力量。人有信仰，才会有希望、有力量，才会树立正确的价值观，沿着正确的道路前行，而不至于在多元的价值观和纷繁复杂的世界中迷失方向。

信仰一旦形成，会对人类和社会产生长期的影响。青少年是社会的希望和未来的建设者，让他们从普适意识形成之初就接受良好的信仰教育，可以令信仰更具持久性和深刻性，可以使他们在未来立足于社会而不败，亦可以使我们的伟大祖国永远立于世界民族之林。

事实上，信仰教育绝不是抽象的、概念化的教育，现实生活中，我们有无数可以借鉴的素材，它们是具体的、形象的、有形的、活生生的，甚至是有血有肉的。我们中华民族有着几千年的辉煌历史，多少仁人志士只为追求真理、捍卫真理，赴汤蹈火，前仆后继；多少文人骚客只为争取心中的一方净土，只为渴求心灵的自由逍遥，甘于寂寞，成就美名；多少爱国志士只为一个"义"字，不惜抛头颅、洒热血。他们如滚滚长江中的朵朵浪花，翻滚激荡，生生不息，荡人心魄。如果我们能继承和发扬这些精神和信仰，用"道"约束自己的行为，用"德"指导人生的方向，那么我们的文明必将更加灿烂，我们的国运必将更加昌盛。

正基于此，"中华少年信仰教育读本系列丛书"应运而生。除上述内容外，本丛书还收录了中国人民百年来反对外来侵略和压迫，反抗腐朽统治，争取民族独立和解放，前赴后继，浴血奋斗的精神和业绩，尤其是中国共产党领导全国人民为建立新中国而英勇奋斗的崇高精神和光辉业绩；不仅有中国历史上涌现出的著名爱国者、民族英雄、革命先烈和杰出人物，还有新中国成立以后涌现出的许许多多的英雄模范人物。

阅读这套丛书，能帮助青少年树立自己人生的良好的偶像观，能帮助青少年从小立下伟大的志向，能帮助青少年培养最基本的向善心，能帮助青少年自觉调节自己的行为，能帮助青少年锁定努力的方向，能帮助青少年增加行动的信心和勇气。

习近平总书记说："人民有信仰，民族才有希望，国家才有力量。"因此我们有理由相信：少年有信仰，国家必有希望。

中华少年信仰教育读本编写委员会

第一章　青铜：浇铸的大国重器 / 001

三星堆青铜神树 / 001
后母戊大方鼎 / 003
莲鹤方壶 / 005
马踏飞燕 / 007
长信宫灯 / 008
鎏金铜马 / 010

第二章　乐器：情绪的规范 / 012

曾侯乙编钟 / 012
虎座鸟架鼓 / 016
焦尾琴 / 017

第三章　书法：线条的韵味 / 019

陆机《平复帖》/ 019
王羲之《快雪时晴帖》/ 020
王羲之《兰亭序帖》/ 021
王献之《鸭头丸帖》/ 023
瘗鹤铭 / 024
智永《真草书千字文》/ 026
颜真卿《祭侄文稿帖》/ 027
张旭《古诗四帖》/ 029
欧阳询《仲尼梦奠帖》/ 030
柳公权《玄秘塔碑》/ 031
黄庭坚《诸上座帖》/ 032
黄庭坚《李白忆旧游诗草书》卷 / 035

目录

苏轼《黄州寒食诗帖》/ 037
赵佶《草书千字文》/ 038
祝允明《草书诗帖》/ 040

第四章　绘画：描绘的才华 / 042

顾恺之《洛神赋图》卷 / 042
顾恺之《女史箴图》卷 / 043
展子虔《游春图》卷 / 046
阎立本《步辇图》卷 / 047
敦煌石窟《伎乐图》/ 048
吴道子《送子天王图》卷 / 050
张萱《虢国夫人游春图》卷 / 052
韩滉《五牛图》卷 / 054
周昉《簪花仕女图》卷 / 055
顾闳中《韩熙载夜宴图》卷 / 057
关仝《山溪待渡图》卷 / 059
黄筌《写生珍禽图》卷 / 060
张先《十咏图》卷 / 062
范宽《溪山行旅图》卷 / 065
董源《潇湘图》卷 / 067
李唐《采薇图》卷 / 068
李唐《万壑松风图》卷 / 070
张择端《清明上河图》卷 / 072
赵佶《芙蓉锦鸡图》卷 / 074
梁楷《泼墨仙人图》轴 / 075
郑思肖《墨兰图》卷 / 077
倪瓒《渔庄秋霁图》卷 / 078
吴镇《渔父图》卷 / 080
黄公望《富春山居图》卷 / 082
王冕《墨梅图》卷 / 084
赵孟頫《水村图》卷 / 086
董其昌《昼锦堂图》轴 / 087

徐渭《墨葡萄图》/ 089
　　徐渭《黄甲图》/ 090
　　董其昌《秋兴八景图》/ 092
　　唐寅《落霞孤鹜图》/ 094
　　沈周《庐山高图》轴 / 095
　　王翚《秋树昏鸦图》轴 / 097
　　朱耷《杨柳浴禽图》轴 / 098
　　朱耷《孔雀图》轴 / 100
　　郑燮《竹石图》轴 / 102

第五章　玉石：天然与巧匠 / 104
　　天下第一玉龙 / 104
　　传国玉玺 / 106
　　中山靖王金缕玉衣 / 108
　　马踏匈奴 / 111
　　"桐荫仕女图"玉雕 / 113
　　"大禹治水图"玉山 / 114
　　翠玉白菜 / 115

第六章　兵器：威武的实用 / 117
　　吴王夫差矛 / 117
　　越王勾践剑 / 118

第七章　宗教：出世的向往 / 120
　　山西悬空寺 / 120
　　云冈石窟 / 123
　　雁塔 / 126
　　乐山大佛 / 128
　　开封铁塔 / 130
　　天坛 / 133

第八章　园林：向自然的回归 / 136
　　绛守居园池 / 136

辋川别业 / 139
沧浪亭 / 141
鱼沼飞梁 / 143
狮子林 / 145
拙政园 / 147
颐和园 / 149

第九章　桥梁：通往彼岸的制作 / 154
赵州桥 / 154
宝带桥 / 156
卢沟桥 / 159

第十章　陶瓷：燃烧的激情 / 163
秦兵俑、铜车马 / 163
击鼓说唱俑 / 166
唐三彩陶马 / 167
汝窑三足洗 / 168
定窑孩儿枕 / 170
哥窑鱼耳炉 / 171
元青花釉里红镂雕盖罐 / 173
元青花鸳鸯莲花纹盘 / 175
元青花鬼谷子下山图罐 / 176
永乐青花压手杯 / 178
乾隆粉彩镂空转颈瓶 / 180
乾隆金瓯永固杯 / 182

第十一章　手工技艺：工匠的精巧 / 185
黄花梨浮雕螭纹圈椅 / 185
金丝蟠龙翼善冠 / 187
乾隆金发塔 / 188
金嵌珍珠天球仪 / 189

第一章 青铜：浇铸的大国重器

三星堆青铜神树

青铜时代在蜀地达到顶峰的代表作——青铜神树。

蜀地历史悠久，李白曾在他的诗中说："蜀道难，难于上青天。蚕丛及鱼凫，开国何茫然。"其中蚕丛、鱼凫是两个古蜀国的名字，诗中指出古蜀国有悠久的文化历史。遥远的古蜀国对于唐代来说已是茫然难以明了，更何况今天了。那么，远古时候的蜀国到底是什么样子呢？三星堆遗址的发现，不仅让我们有机会了解古蜀国的面貌，还有力地证实了古蜀国文明确实存在过。

三星堆遗址位于四川省广汉市东南3公里处的平原上，三座黄土堆显得很突兀。该遗址曾是商代的一座城市，距今已有4 800年了，它是古蜀国的都城所在。这里先后出土了大量的玉石器、青铜器、象牙、金器等文物共1 700多件。金器中有精美绝伦的权杖、面罩、装饰物。青铜器数量很多，除有尊、

盘等容器外，还有大小不一的人头像、立人像、跪坐人像、面具、兽面等物品。更为稀奇的是，此次考古还发现了一座青铜神树，这种树是以前考古从未遇见过的青铜器物。

三星堆遗址所发掘出的这棵青铜树，经过专业人员的精心修复，终于再现了当年的模样。

青铜神树树干高384厘米，通高396厘米，由树座和树干两部分组成。树座略呈圆锥状，底座呈圆环形，上饰云气纹，底座之上为三山相连状，山上亦有云气纹。树干接铸于山顶正中，干直，树根外露。树干上有三层树枝，每层为三个枝丫，枝丫端部长有果实，果实上站立着一只鸟儿。

三层树枝上共栖息着九只鸟，传说远古本来有十个太阳，他们栖息在神树扶桑上，每日一换。复原后的青铜神树上残留着九只鸟，推测还应有一只神鸟。同时出土的还有数件立在花蕾上的铜鸟、人面鸟身像等，很可能其中的一件便是那只居于神树枝上的铜鸟。在树丫和果托下分别铸有火轮。

神树上除了有枝丫、花朵、小鸟这些实物外，还有一条龙绕着神树，作势要下。龙头呈马面形状，有着利剑状的羽翅，是古蜀国人想象中的神龙模样。

铜树上还有龙盘绕，由此专家认为它应当不是普通的树木，而是具有某种神性的神树。神树底座呈穹窿形，象征着一座神山。古人认为山是离天最近的地方，在神山上矗立一棵能到达天堂的神树，无疑象征了神树具有通天的功能。北欧神话的宇宙树、古埃及的天树、西印度的宇宙树，都体现了古人的精神追求、信仰和崇拜，但都限于图腾崇拜，唯有古蜀人造成这棵青铜实物——通天神树。

神树在中国的古代神话传说中不止一种，例如建木、扶桑、若木、三桑、桃都等。学者们对照相同的文献，得出的却是不同的解释。于是，人们企图在古籍与神话之中寻求答案。有些学者认为三星堆发现的青铜神树可能和建木有关。建木是传说中的神树，是人类通向天界的天梯，所以认为神树的原型就是建木。

在青铜树的枝干上有一些用以垂挂器物的穿孔。考古人员还从三星堆的器物坑中发现了一些小型青铜器件。

后母戊大方鼎

世界上最大的青铜器——后母戊鼎，重875公斤，被誉为"镇国之宝"。

中国早在夏朝就已经告别了石器时代，进入到了青铜器时代。青铜器的发展大致经过了初期、鼎盛期、衰落期。从夏朝开始制作青铜用具，用于生产和生活，是青铜器的初级阶段。夏禹曾做九鼎，象征中国的九州。后世君主无不以九鼎为国之重器。到了商周时代，开始大量制造青铜器，以大宗的青铜器作为礼器用于祭祀。鼎是贵族身份的代表。典籍中记载天子享九鼎、诸侯七鼎、大夫五鼎、士三鼎或一鼎。

商周时期的青铜鼎多为三足圆形，但也有四足的方形鼎，闻名遐迩的后母戊鼎便是四足大方鼎。后母戊鼎也被称为司母戊鼎，是商代后期王室祭祀使用的青铜方鼎。

1939年，河南省安阳市武官村的一个农民在耕田时发现了后母戊鼎，后来此事被一位古董商人得知，以重金买下。但是由于鼎太大、太重，也没有先进的运输、起重工具，根本无法带走，古董商人便欲把鼎锯断，分成一块儿块儿带走，但是在锯掉一只耳后，就再也锯不动了，只好重新埋入地下，以待时机。

1946年，后母戊鼎被当地政府重新挖出，后上交南京国民政府，转而保存于中央博物院。1948年夏天，后母戊鼎首次在南京公开展出，蒋介石亲临参观并在鼎前留影。解放战争时期，国民政府逃往台湾，由于后母戊鼎太重，并没有把它带走。中华人民共和国成立后，该鼎存放于南京博物院，后转交中国国家博物馆。颇为遗憾的是，当时锯断的那只耳早已丢失，现在我们看到的后母戊鼎上的那只耳是仿造的。

后母戊鼎是商代晚期的青铜祭器。鼎为长方形，有四足，通体高度为133厘米，重量为875公斤，是现存最大的商代青铜器。后母戊鼎除鼎身四面中央部分是无纹饰的长方形素面外，其余各处皆有纹饰。在细密的云雷纹之上，各部分主纹饰各具形态。鼎身四面在方形素面周围以饕餮作为主要纹饰，四面交接处，则饰以扉棱，扉棱之上为牛首，下为饕餮。

后母戊鼎的提手纹饰同样精美。两只龙虎张开巨口，含着一个人头，后世演变成"二龙戏珠"的吉祥图案。一般认为，这种艺术表现的是大自然和神的威慑力。

鼎腹内有铭文。出土伊始，由于资料有限，专家们认为是"司母戊"三个字，后来随着其他青铜文物的出土，渐渐佐证了鼎内铭文其实是"后母戊"3字，是商王文丁为祭祀他的母亲戊而做的。

后母戊鼎的鼎身和鼎足为整体铸成，鼎耳是在鼎身铸好后再装范浇铸的。而且，制作如此大型的器物，在塑造泥模、翻制陶范、

合范灌注等过程中，需要解决一系列复杂的技术问题，同时必须配备大型熔炉。后母戊鼎的铸造，充分说明商代后期的青铜铸造不仅规模宏大，而且技术高超。其厚重典雅的造型，宏大的气势，美观庄重的纹饰，精巧的工艺，体现了商代高超的文化艺术水平，也成为当今中华民族引以为傲的国宝重器。

莲鹤方壶

　　莲鹤方壶，于1923年在河南新郑出土，因设计合理，铸造精良，在造型立意上代表了时代思潮，被史学家们认为"开一代新风"。

　　中国酒文化源远流长。早在夏朝就出现了传统的酒，不过那时候的酒是未经过滤的、黏稠状的浊酒，所以最早的盛酒器是碗或钵之类的大口食器。随着人类文明的进步，酿酒业也逐步向前发展，酒也开始变得清冽如水了，于是出现了像盂、樽、盏、觥、壶等多种满足不同饮酒需要的酒器。后来壶不仅是一种盛酒的酒器，还发展成为代表王权的礼器，用于祭祀活动或随葬。商代就已经出现青铜扁形壶，到了春秋时期方壶开始盛行起来，纹饰也更加丰富多彩。

莲鹤方壶又称春秋莲鹤方壶，是我国春秋时期的青铜酒器，1923年出土于河南新郑李家楼郑公大墓。莲鹤方壶本是一对，它们硕大的器形、优雅的曲线、纯青的工艺、精美的纹饰，令人叹为观止，反映了春秋时期人们思想观念的飞跃。

原器通高126厘米，壶口纵向为25厘米，横向为31厘米，重64.28公斤，整体上属于西周后期流行的方壶造型。壶身的纹饰为浅浮雕工艺，刻有龙、凤等动物的形象。圈足部分每面装饰有相对的两只虎，威风凛凛。壶的颈部四面均有龙形耳，其中，两只正在作回首反顾的样子。壶腹部的四个角装饰了带翅膀的小龙，像是正在向上攀爬。壶底部有四尊铜兽，用来承托壶身。

壶盖的上部是盛开的莲花形装饰，中心一只展翅欲飞的仙鹤。仙鹤的形象不仅美观而且栩栩如生，给人一种超凡脱俗的感觉。独具特色的莲花、仙鹤相互映衬，这种动态的、精彩的艺术表现手法，让后人为之追慕。莲鹤方壶同样是春秋时期思潮翻涌、文化繁盛的物证，堪称青铜时代的扛鼎之作。

这对堪称青铜时代绝唱的莲鹤方壶，一件藏于河南博物院，成为镇馆之宝。另一件藏于北京故宫博物院，傲立于众多珍贵文物中也毫不逊色。

莲鹤方壶由艺术研究所历时两年，在多名文物专家和高级工艺师的多次观看原件、反复对比修改后，终于将仿制品研发成功，成为河南博物院赠送外国友人的重要礼品。1999年莲鹤方壶的复制品被国务院指定为外交礼品，用来赠送各国首脑。其中有韩国前总统金泳三、新加坡前总统王鼎昌、坦桑尼亚总理弗雷德里克·苏马耶、印度前总理帕杰瓦伊、台湾国民党前主席连战夫妇等。

马踏飞燕

　　1969年出土于甘肃武威雷台墓的文物马踏飞燕，由于奔马造型生动，铸造精美，比例匀称，素有"天马行空"之称。

　　马在冷兵器时代，被广泛用于作战当中。西汉时，汉武帝为远征匈奴，不惜巨额代价搜求西域良马，在大宛获得汗血马。大宛马归汉时，汉武帝令沿途设侯马亭专门迎接，并写下《天马之歌》。后来才有"天马行空"之语。1969年出土于甘肃武威雷台墓的文物马踏飞燕就是一匹汗血马。

　　1969年9月，武威公社社员在雷台东南角挖战备地道时，无意间在砖墙上面凿出了一个黑洞。其中两个胆大的青年爬了进去，发现这是一间用青砖砌成的墓室，里面放置了大量的铜器。

　　甘肃省文化厅得知古墓的消息后，立即派省考古所人员前往武威。经过考古人员初步鉴定，确认这是东汉晚期的一处大型砖室墓。墓葬由墓道、墓门、甬道、前、中、后室等部分组成。古墓通长40米，前室有左右耳室，中室有右耳室，墓葬虽经盗掘，但遗存尚多，出土有金、银、铜、铁、玉、骨、漆、石、陶等珍贵文物共231件，古钱币3万枚，是一座

名副其实的"地下博物馆"。在出土文物中最突出的是铸造精致的99件铜车马仪仗俑,其中艺术价值最高的当属这组马踏飞燕。

马踏飞燕又名"马超龙雀""铜奔马",制作于东汉时期,古代艺术家把奔马一只蹄踏在飞翔的燕子身上的一瞬间定格了下来。马通高34.5厘米,身长45厘米,宽13厘米。其中奔马造型生动,铸造精美,比例准确,四肢动势符合马的动作习性,让中外很多艺术家和考古学家赞叹不已。

小巧的飞燕作为整个作品的重心落点,造成稳定性,同大个的铜奔马的造型产生了强烈的视觉落差,从而给人以惊奇之感。马踏飞燕这种极具浪漫主义的烘托手法,意在表现奔马风驰电掣的速度和神骏无敌的形象,既有力感又有动感,带给人们超强的艺术感染力。马踏飞燕不愧为中国艺术品中的奇葩。

1973年,马踏飞燕作为中国珍贵文物赴世界各地展览。先后到法国、日本、英国、罗马尼亚、奥地利、南斯拉夫、瑞典、墨西哥、加拿大、荷兰、比利时、美国等十四个国家和地区展出,引起了极大的轰动。

长信宫灯

1968年5月,在满城县中山靖王刘胜的妻子墓穴中出土的长信宫灯,以其独特的造型被誉为"中华第一灯"。

宫灯,顾名思义是皇宫中用的灯,它以雍容华贵、充满宫廷气派而闻名于世。由于宫灯是宫廷日常必备的东西,除去照明实用外,还要具有一定的艺术魅力,以此来显示皇族的气派。若论历代宫灯的精品,当推汉代长信宫灯,它是代表中国古代宫廷生活、社会文化的珍贵文物。

1968年5月，在满城县西南1.5公里处的陵山，解放军某部正在进行施工。谁也没有想到，这次施工竟然使得两件重宝重现人间。一个是轰动了世界的金缕玉衣，发现于刘胜墓。另一个就是长信宫灯，发现于刘胜妻子窦绾的墓中。

据史学家考证，此灯原为西汉阳信侯刘揭所有。刘揭在汉文帝时受封，景帝时被削爵，家产被朝廷没收，此灯后来归皇太后窦氏的长信宫所有。后来皇太后窦氏又将此物赐予本族亲戚、中山靖王之妻窦绾。窦绾死后与丈夫刘胜合葬，此灯作为其生前爱物陪她一起下葬。

长信宫灯属于汉代青铜器，采取分别铸造，然后合成整体的独特技法。灯体为通体鎏金、双手执灯长跪而坐的宫女，神态恬静优雅。灯体中空，通高48厘米，重15.85公斤。整体由头部、身躯、右臂、灯座、灯盘和灯罩六部分组成，各部均可拆卸。

长信宫灯设计十分巧妙，宫女一手执灯，另一手袖似在挡风，实为虹管，用以吸收油烟，既防止了空气污染，又有审美价值。灯罩由两片弧形板合拢而成，可活动，以调节光照度和方向。灯盘有一方銎柄，内尚存朽木。座似豆形。灯身有9处铭文计65字，分别记载了该灯的容量、重量及所属者。因灯上刻有"长信"字样，故被称为"长信宫灯"。

此灯作为宫廷和王府的专用品、礼品，可见它在当时也异常珍贵。考古学和冶金史的研究专家一致认为，此灯设计之精巧，制作工艺水平之高超，在汉代宫灯中首屈一指。时至今日，长信宫灯被认为是我国工艺美术品中的巅峰之作和民族工艺的重要代表。这不仅在于长信宫灯独一无二、世所罕有，更在于它精美绝伦的制作工艺和巧妙独特的艺术构思。长信宫灯一改以往青铜器皿的神秘厚重，整个造型及装饰风格都显得舒展自如、轻巧华丽，是一件既实用、又美观的灯具珍品，被誉为"中华第一灯"，现藏于中国社会科学院考古研究所。

鎏金铜马

1981年5月出土于陕西兴平县的鎏金铜马，是中国仅有的"鎏金"式铜马，被列为"十大国宝"之一。

无论是跟随项羽驰骋沙场、不离不弃的乌骓马，还是拯救刘备于危难中的的卢马，或是唐三藏到西天取经骑的白马，横扫欧亚大陆的蒙古马，无不说明马在中国古代文化、生活中扮演着重要的角色。从战场到农田，从宫廷到赛场，与人最密切、最亲近、最能沟通交流的动物就是马。其中汉代流传下来的很多珍贵的文物都是以马作为艺术形象。其中"鎏金铜马"是展现汉代马文化的代表作品。

1981年5月，兴平县西吴公社豆马大队社员去自家地里干活。到了晌午时分，他在"羊头冢"南边60米处，用铁锹挖到了一个墓坑，他本身有一定的文物常识，看到坑里有一些古代器物后，马上向当地文物部门反映情况。陕西省文物局随即组织人员进行发掘。这个被发现的古墓被确认为平陵1号无名墓的随葬墓坑。虽然是无名墓的陪葬墓坑，但是考古人员却在这里发现了极具考古价值和欣赏价值的汉代"鎏金铜马"。

铜马通体鎏金，表面光洁，马尾及生殖器另铸铆接或焊接，马尾根高耸成弧形下垂，肛门是一个小通气孔。马身中空。马体高62

厘米，长76厘米，重约50斤，作直立状，昂首翘尾。马嘴微张，可以看到有6颗牙齿，耳间有鬃毛，颈上也刻有鬃毛。体态健硕而稳重，有秦兵马俑的风格，被看作是汉代马的标准造型。专家从铜马紧缩的腹部、结实的前腿、坚实有弹性的马蹄来判断，认为这是一匹军用战马。

该鎏金铜马出土于茂陵附近，与记载中阳信公主与丈夫卫青的合葬墓位置很近，且同冢同批出土的器物上均刻有"阳信家"字样。因而，有人推测该鎏金铜马是卫青夫妇的陪葬物。

鎏金铜马作为一种艺术形象，首见于西汉武帝时期。虽然秦汉时期的铜马、陶马、玉马和石马已发现了很多，但鎏金铜马仅此一例，极为珍贵。鎏金铜马现藏于陕西省茂陵博物馆。

第二章 乐器：情绪的规范

曾侯乙编钟

1978年于湖北省随县出土的曾侯乙编钟，以其高超的铸造技术和良好的音乐性能，改写了世界音乐史，被中外专家、学者称之为"稀世珍宝"。

中国古代青铜器文化与先秦时期的青铜乐器是分不开的。商周时期的乐器种类很多，祭祀或者宴会时已经出现青铜乐器的身影。青铜编钟作为宫廷乐器，不仅是古代帝王权力的象征，也是青铜文化的代表。

古代青铜器的制作需要大量人力、物力，所以精美的青铜器具并不是平民百姓可以拥有的。尤其是在祭祀典礼或宴会时用的礼器更是身份的象征，不同身份的人拥有的礼器种类和数量都有一定的规定。

在很多春秋战国时期的古墓中，有很多乐器被先后发掘出来，有青铜编钟、编磬、鼓、琴、瑟、笙、篪、排箫等乐器。其中，最振奋人心的是曾侯乙古墓的发掘，当时出土了大量的青铜礼器、青铜食器和青铜乐器。享誉国内外的曾侯乙青铜编钟彰显着当时社会高度的文化和生活水平，被视为此次发掘的代表文物。

曾侯乙，姬姓，是周朝诸侯国曾国的国君，曾国的政治中心位于今天的湖北省随州。

1978年2月，湖北省随县一所军用厂房需要扩建。当驻地官兵开山炸石头时，在红色砂岩石头山上炸出有一大片褐色土的洞穴，里面有人工砌成的石板。他们觉得这可能是一座古墓，于是马上向文物部门反映情况。

3月19日，湖北省博物馆的考古技术人员赶到了随县。经初步勘查，这确实是一座古墓。古墓坑洞呈不规则多边形，东西最长处有21.5米，南北最宽的地方有16.5米，总面积达200多平方米。考古人员异常兴奋，因为如此大的"岩坑竖穴墓"在过去从没发现过。

5月11日，经国家文物局批准，考古人员开始了正式发掘工作。墓葬为战国早期的大型木椁墓（古代墓葬构造形式之一，在土坑内用木材构成长方形或方形的停尸室，将棺材放在其中，另外室内常建有放置随葬品的厢阁），构筑在红砂岩山冈上，以磬石为穴。残存墓口至墓底深10米。墓坑内置木椁，木椁用171根长条楠木垒成，每根长10米，宽0.5—0.6米，共用圆木500余立方米。椁室四周、顶部填塞木炭6万多公斤。

木椁分东、中、西、北四室，随葬器物分布其间。东室放置墓主人大棺一套。陪棺八具，狗棺一具。有金玉器、铜器、漆木器、兵器等。棺分两层，外棺为铜木结构，长3.2米、宽2.1米、高2.19米。内棺为木质结构，长2.5米、头宽1.27米、足宽1.25米、高1.32米。打开外棺后，看到了华丽的内棺，打开内棺，棺壁上有玉玦镶在上面，棺内躺着墓主人，一副人骨架，尸体早已腐烂，骨架保存

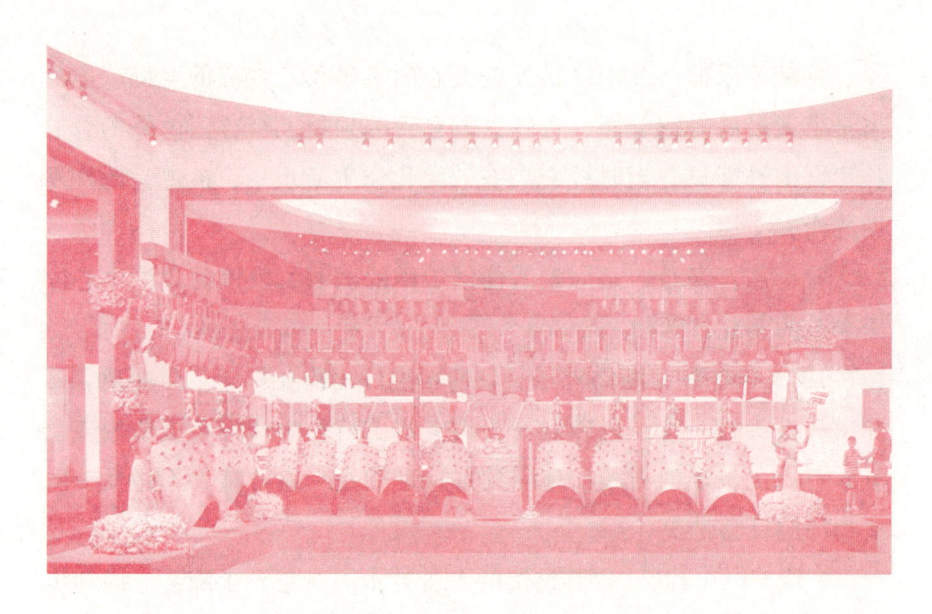

完整，小型金、玉、角器放在周围。墓主人为男性，年龄45岁左右。其中有21具殉葬者的尸骸，全部为年轻女子，年龄在13—25岁之间。

经过四个昼夜的清理（墓室已经进水），共清理出各类文物568件，有金、玉、铜、琉璃、水晶、骨、角等精美的器物。然而，最重量级的文物"曾侯乙编钟"此时还没有出现。

5月22日夜，随着抽水机昼夜不停作业，中室的水位已经迅速下降，隐约出现了三个木架。到了第二天早晨，才看清原来是三组18件小型青铜乐钟，它们按大小排列，依旧悬挂在架上。木架上的横梁以黑漆为底，描上红彩。两段有青铜做的铜套，上面雕有蟠龙纹。在场人员都被这件精美的艺术品深深吸引住了。24日，水位又下降了不少，水中露出了第二层横梁，还有梁下面悬挂的33件稍大的铜钟。考古人员这才意识到，这是一件大家伙，水底下肯定还有一层，于是加快了抽水的速度。终于，在25日午夜，第三层横梁出现了，还有12件大铜钟和一件镈（bó，一种形制接近于钟的乐器）钟。全套古代青铜编钟——曾侯乙编钟，终于在沉睡了2 400多年后，又完整地出现在世人眼前。

曾侯乙编钟共65件，分上、中、下三层八组悬挂。上层三组19件钮钟（上面有悬钮的钟），中层三组33件甬钟（上面立有甬柱的钟），下层每组12件大甬钟和1件镈钟。最大的一件通高152.3厘米，重203.6公斤。最小的一件通高20.2厘米，重2.4公斤。全套编钟重2567公斤，加上铜架、铜立柱和挂件等，共重4 421公斤。

曾侯乙编钟的每件钟体、挂件和钟架横梁上都有铭文，共3 755字。除此之外，磬匣、磬架也有铭文，共812字。编钟铭文包括三方面内容，一是记事，二是标音，三是乐律关系，反映了公元前5世纪的声学、律学和音乐方面的许多成就。

首先，证实了先秦时期合瓦钟能够发出双音，解决了一直以来编钟是否存在双音现象的猜测。曾侯乙编钟正鼓和侧鼓均标有表音铭文，依铭文位置敲击，能发出两个不同的乐音。

其次，证实了先秦时期确实存在绝对音高。西方学者一直认为中国是受西方音乐影响才有相对音高的概念。曾侯乙编钟的最低音和最高音跨了五个八度加一个大二度，其中中层三组八号钟和二组七号钟都是"姑洗之音"，相当于钢琴上的中央C音。说明中国早在春秋战国之际就有了绝对音高和相对音高的概念。

再次，西方学者过去认为中国音乐是单调的音乐，其律学是后来从希腊或巴比伦学来的。曾侯乙编钟的铭文明确记载了二十八个律名，仅七个是已知的。证明了中国律学并非外来，至少在西周时期就形成了十二律。

曾侯乙编钟在中国乃至世界都是绝无仅有的发现。它不仅向世界表明了中国在公元前5世纪科技和音乐就已经居于世界领先地位，还为考古界提供了很多理论依据和第一手材料，解决了许多悬而未决的问题。曾乙侯编钟不仅是中国的骄傲，也是人类文明进步的见证。

虎座鸟架鼓

1963年在荆州市江陵县出土的虎座鸟架鼓，以其丰富的文化底蕴、易于表现设计的外观，被中国作为邮票图案在第23届万国邮政联盟发行。

邮票是一个国家对外宣传的名片，方寸之间，彰显着自己的民族特色，代表着一个国家的独特形象。第23届万国邮政联盟大会上，中国与罗马尼亚联合发行《漆器与陶器》特种邮票一套两枚，中国邮票的图案为荆州出土的国家一级文物——"虎座鸟架鼓"。因其富涵的历史文化底蕴、易于表现设计的外观脱颖，而与罗马尼亚"古古丹尼"陶罐成了此次联合发行特种邮票的双璧。

1963年，虎座鸟架鼓出土于荆州市江陵县望山1号楚墓，现藏于荆州文化博物馆。虎座鸟架鼓是战国时期楚国的宫廷乐器，距今已有2 200多年的历史，是荆州楚墓中出土的最为典型的文物。

虎座鸟架鼓通高149.5厘米，连体宽145.7厘米，其主体由双虎、双凤、扁鼓三大部分组成，均为楠木制器，木胎上髹（xiū，涂抹）生漆，绘有凤、虎以及其他装饰图案。虎和凤身上用红、黄、蓝三色，根据不同部位绘出虎的斑纹和鸟的喙、眼及身上的羽毛，线条优美流畅，形神兼备，显示出高超的绘制水平。

两只卧虎当作底座，双凤踏

于虎背上作为支架，鸟尾以榫卯相连，鼓上有三个铜环用来缚丝带，分别系于两鸟的鸟冠与鸟尾相接处。扁鼓悬于双鸟之间。虎和鸟两种动物具有驱邪镇妖的作用，凤鸟更显得神采飞扬。

作为一种乐器，虎座鸟架鼓以鸟为支架，虎为座，其中还蕴含着深刻的乐理知识。根据《吕氏春秋·仲夏纪·古乐篇》："听凤凰之鸣以别十二律"的记载，古人认为凤凰与音乐关系密切，因此以凤来做鼓架。

相对于凤高大轩昂、傲视苍穹的形象，两只虎却矮小瑟缩趴伏于地，一副恭顺的模样。很多学者认为，这是由于楚人把凤尊为神鸟，当作神圣的图腾，凤踩猛虎反映了楚人向往安详的生活和征服猛兽、不畏强暴的精神。

焦尾琴

焦尾琴是东汉著名文学家、音乐家蔡邕亲手制作的一张琴，以其美妙绝伦的音色被列入中国古代四大名琴之列。

古代人们喜欢用"琴、棋、书、画样样精通"来形容人的才华，其中的"琴"，是我国历史上最古老的弹拨乐器之一，现称"古琴"或"七弦琴"。

古琴的制作历史悠久，许多名琴都有文字可考，而且具有美妙的琴名与神奇的传说，最著名的当属蔡邕制作的焦尾琴。

焦尾琴是东汉著名文学家、音乐家蔡邕亲手制作的一张琴，与齐桓公的"号钟"，楚庄公的"绕梁"，司马相如的"绿绮"并称为中国古代四大名琴。

蔡邕（公元132—192年），字伯喈，陈留圉县（今河南杞县西南）人。汉灵帝时，蔡邕为议郎，因为上书议论朝政阙失，遭到诬陷，被流放到朔方。后来遇到朝廷特赦，蔡邕害怕再遭谗害，并没有回京师，而是选择浪迹江湖。董卓之乱时，他被迫出任侍御史，左中郎将，人称"蔡中郎"。董卓被诛后，蔡邕被王允当作逆臣关进了大牢，最后死于狱中，时年61岁。

  蔡邕具有很高的音乐天赋，再加上后天的努力，在音乐方面的造诣就相当高了。蔡邕尤擅弹琴，对琴很有研究，关于琴的选材、制作、调音，都有一套精辟独到的见解。

  蔡邕在被贬黜后，有一段时间隐居在吴地的农户家中。蔡邕闲来无事时常常抚琴，借琴声来抒发自己遭受迫害的悲愤和前途渺茫的怅惘。有一天，蔡邕又在房里静坐抚琴，隔壁的女主人在灶间烧火做饭。由于这家的锅灶很大，所以很多木材不必劈开就可以直接拿来烧。女主人随手将一块桐木扔进了灶膛内，顿时火星乱蹦，木柴被烧得噼里啪啦地响。蔡邕听到隔壁传来的烧火声不同往常，而是异常的清脆悦耳，不由得心中一惊，连鞋子也没有穿就向灶间跑去。来到炉火边，蔡邕顾不得火势燎人，伸手就将那块噼里啪啦作响的桐木拽了出来，他并没有顾及烧伤的手，而是在桐木上又吹又摸，并欣慰地说："还好没有烧坏，这可是世间难得的一块琴木啊！"

  然后，蔡邕就用钱把这块"柴火"买了下来，精雕细刻，费尽心血，终于将它做成了一张漂亮的琴。这张琴弹奏起来音色果然美妙绝伦，但是木头的尾部被烧焦了，所以后人称这把琴为焦尾琴。

第三章 书法：线条的韵味

陆机《平复帖》

> 右军以前，元常以后，唯存数行，为希代宝。
>
> ——董其昌为陆机《平复帖》题

陆机（公元261—303年），字士衡，吴郡（今苏州）人，一说是华亭（今上海松江）人。他是我国西晋时期著名的文学家和书法艺术家，在《晋书》中有传。陆机少年时因有异才而出名，尤精诗文，与其弟陆云并称为"二陆"。在晋武帝太康末年进入洛阳，曾任太子洗马和著作郎，官至平原内史，河北大都督，故后人呼之为陆平原。

陆机《平复帖》，纵23.8厘米，横20.5厘米，墨笔纸本，现藏于北京故宫博物院。

此帖前人有"其文若不尽识"之叹，今据《启功丛稿》释文录之于下："彦先羸瘵，恐难平复，往属初病，虑不止此，此已为庆。承使唯男，幸为复失前忧耳。吴子杨往初来主，吾不能尽。临西复

来,威仪详跱。举动成观,自躯体之美也。思识量之迈前,势所恒有,宜称之。夏伯荣寇乱之际,闻问不悉。"

《平复帖》是我国最早的出自名家手笔的书法墨迹字帖。此帖以草书形式书写,字形偏长,《宣和书谱》称为章草,但与当今所说的章草不同,因为它的书法特点具有较多的汉晋简牍的笔势,而且具有今天草书的某些特征,表现出从章草向今草发展的趋势。它使用秃笔所书,多渴笔,书风更显古朴。

此帖流传很有顺序,在帖前有北宋徽宗赵佶的书法题签及一方印玺。紧接有明代韩世能、韩逢禧父子及张丑的鉴藏印记二,其后还有清代梁清标、安岐及清皇族成亲王永瑆等人的鉴藏印信。此后还有明末董其昌的题跋云:"右军以前,元常以后,唯存数行,为稀代宝。"是说此帖在王羲之以前,钟繇以后,唯有这九行84字,为稀世珍宝。民国时由溥心畬手转张伯驹,1965年张氏将此帖捐给故宫博物院。《平复帖》曾在《东图玄览》《真迹二录》《式古堂书画汇考》《平生壮观》《墨缘汇观》《大观录》《三虞堂书画目》及《前尘梦影录》书目中均有著录,其中张丑在他的《清河书画舫》中评论说:"《平复帖》最奇古,与索幼安《出师颂》齐名,笔法圆浑,正如太羹玄酒,断非中古人能下手。"

王羲之《快雪时晴帖》

王羲之《快雪时晴帖》为唐代摹本,被古人誉为"天下书法第一"。

王羲之(公元321—379年),字逸少,琅琊临沂(今山东临沂)人,后定居在浙江山阴(今绍兴)。做过右军将军、会稽内史,所以人称王右军。他草书学张芝,正书学钟繇,精学诸体,博采众长,一变汉魏以来质朴的书风，形成新体，称誉为"书圣"。

王羲之《快雪时晴帖》，纵23厘米，横14.8厘米，纸本，现藏于台北故宫博物院。

此帖四行28字："羲之顿首快雪时晴佳想安善未果为结力不次王羲之顿首"，后有"山阴张侯"4字。

此帖为唐代摹本，但仍被古人誉为"天下书法第一"，是王羲之传世墨迹中的精品。该帖书法厚实生动，行笔流畅，以侧锋取妍，神采飞扬，体态更新，为《宣和书谱》《书史》《石渠宝笈》《清河书画舫》《式古堂书画汇考》等众多书目著录。此帖古代称之为向拓本，就是将油纸或蜡纸蒙在原作上，用细线双钩，再填墨的方法，所以也有廓填本之称。

《快雪时晴帖》流传久远，前后有历代帝王名人收藏鉴赏章及跋语，有南宋绍兴年间贾似道的"秋壑珍玩"印和金代章宗"明昌御览"等印章。明代为浙江秀水冯梦桢所有，后归河北涿州冯铨收藏。冯铨之子冯源济在清康熙十八年（公元1679年）为了邀宠，将其献给康熙。

后传到乾隆时，乾隆甚为珍爱，并在帖前后题了字，前题"天下无双，古今鲜对"。以后又有多处题记，表示"爱不释手"。后来乾隆又得王珣的《伯远帖》，因此将王献之《中秋帖》和上两帖，合称三个稀世之宝，说是"千古墨妙，珠璧相联"，密藏在北京皇宫养心殿西里间，得"三希堂"之称，后来的《三希堂法帖》由此而得名。

王羲之《兰亭序帖》

历代书家公推王羲之的《兰亭序》为"天下第一行书"。

《兰亭序帖》被尊为"天下第一行书"。晋穆帝永和九年，时任会稽内史的王羲之与好友谢安、谢万、郗昙等24人在会稽山阴的兰亭修祓禊之礼，规模非常盛大。大家饮酒作诗后推举王羲之为诗集作序。王羲之便乘兴挥毫，"思逸神超""殆有神助"，用的是蚕茧纸、鼠须笔，一气呵成。文书俱绝、震惊古今的《兰亭序帖》便从此诞生。

《兰亭序帖》真迹已佚，现在流传于世的唐人《兰亭序帖》摹本有三种：一是虞世南临本，帖末有"臣张金界奴上进"字样，又称"张金界奴本"。清乾隆御刻《兰亭八柱帖》，将此本列为"八柱第一"。二是褚遂良临本，后面有宋米芾题跋，乾隆列为"八柱第二"。三是冯承素摹本，即响拓本，因帖前有唐中宗"神龙"二字，又称"神龙本"，被乾隆列为"八柱第三"。

以上都是墨迹本。石刻拓本以定武本最早、名声最大。今"定武兰亭"与褚遂良本都藏于北京故宫博物院。《兰亭序帖》写好后，王羲之自己非常得意，以后又写十余本都不如原作，因此更加珍视，视为家传秘宝，其后代也极其珍爱。传到七世孙智永禅师时被唐太宗李世民派监察御使萧翼设计骗得。唐太宗得《兰亭序帖》后，命供奉拓书人冯承素等各拓数本，赐皇太子及诸士近臣，自己则独享真迹，心摹手追。唐太宗临终时，令高宗将《兰亭序帖》真迹殉葬昭陵，高宗遵命。从此"天下第一行书"真迹便永绝人间。

就艺术性而言，神龙本胜过定武本以及其他临本。因为神龙本把原帖破锋的散毫和剥落的痕迹，都忠实地加以一一摹出，而且连墨色的浓淡也都一丝不苟地反映出来。至于用笔的生动细腻、结体的优雅变态、章法的自然和谐，很像王羲之亲笔书，几乎到了乱真的程度。

该帖用笔洗练，起收备尽法度。承蔡邕笔论之旨，集篆、隶、章草之法，中锋起转提按，以意为之，线条如行云流水。笔姿的活泼和前后顾盼，造成了生动的意态效果。在字体结构上极尽变化而又不露变化的痕迹，平稳中寓险峻，婀娜多姿。结字也富于变化，有左右均衡的，也有参差错落的；有疏密均匀的，也有疏密反差较大的；有收得紧的，也有放得开的。重复的字都构别体，全文有二十余个"之"字，全都经过变化，没有一个相同，可见其艺术造诣之深。在章法布局上以纵行为主，字形大小参差相间，错落有致，笔画映带，或左或右，不失轴心，富有韵律，而且前后遥相呼应。

从书法史的角度来看，将《兰亭序帖》与两汉、西晋的作品相比，我们可以发现它最明显的特征是用笔细腻和结构多变。王羲之以前的墨迹与陆机《平复帖》、皇象《急就章》都走古拙一路，内敛而不够清雅。存世汉简用笔潇洒飞动，但在间架上又飘散而乏媚趣。王羲之的最大贡献，就是主动地把纯粹出于自然发展的书法，引向一个较为注重技巧华美而又不断锤炼以见精致的境界。

王献之《鸭头丸帖》

非草非行，流便于草，开张于行，草又处其中间……
有若风行雨散，润色开花，笔法体势之中，最为风流者也。
——唐代书法家张怀瓘

王献之（公元344—386年），东晋书法家。字子敬，原籍琅琊临沂（今属山东），出生于会稽山阴（今浙江绍兴），为王羲之第七子。以门荫入仕，官至中书令，人称王大令。其书法兼学诸体，而又有创新，尤其以行草闻名于世。

在继承张芝、王羲之的基础上，王献之进一步改革当时古拙的书风，有"破体"之功。其书法作品英俊豪迈，饶有气势。与王羲之合成"二王"。代表作有草书《鸭头丸帖》《中秋帖》、小楷刻本《洛神赋十三行》等，但是大多都已经散佚。其正、行、草书帖札可见于宋人所刻从帖中。

《鸭头丸帖》为王献之传世的唯一真迹。墨迹绢本。文凡两行15字，因起首"鸭头丸"3字而得名。全文释为："鸭头丸，故不佳。明当必集，当与君相见。"现存放于上海博物馆。

此帖用笔极为大胆，笔下自有一种韧劲，透于纸背。锋颖入纸灵巧，或尖或侧，不苟方圆。从墨色上看，全帖蘸两次墨写成，蘸墨一次，写字一句，所以墨色由浓而淡，由润而枯。第一次从"鸭"到"佳"字，第二次从"明"到最后一字。第一次墨蘸得恰到好处，第二次墨蘸得很饱满，下笔如泼墨，因而"明"字左边全黑，仅仅留下一个轮廓线，反而使整个运笔的节奏显得更为生动。

从字体上看，此帖正如唐代书法家张怀瓘所评："非草非行，流便于草，开张于行，草又处其中间""有若风行雨散，润色开花，笔法体势之中，最为风流者也"。在全帖15字中，有六个草字，八个行字，一个简化字。其中"与"本身也是一种草书，是草行相间，别创其法。从字的结构上看，此帖曲直结合，纵逸自然。从整体来看，全帖牵丝连贯，气脉贯通。从章法上看，虽只有两行，但章法安排得极为得体，正斜大小错落有致，非常协调。字与字的结法如作文写诗，有板有眼，有逗号，有句号。

《鸭头丸帖》也是王献之传世第一名品。在当时，行草新体尚刚刚起步，而像《鸭头丸帖》这样一气呵成的连贯气韵，估计连王羲之也做不到。正因为如此，历来很多书法家对王献之偏爱有加，宋代米芾甚至认为他的书法"远胜其父"。

瘗鹤铭

余观《瘗鹤铭》，势若飞动，岂其遗法耶？欧阳公以鲁公书《宋文贞碑》得《瘗鹤铭》法，详观其用笔意，审如公说。

——宋·黄庭坚

《瘗鹤铭》，刻石，正书，文字右行。石原在江苏镇江焦山西麓崖壁上。焦山，在江苏镇江北长江中，山上有历代碑刻二百余方。《瘗鹤铭》原在西麓崖壁上，后坠入江中，石裂为五段，或仆或仰，杂于水中乱石间。涨水时没入水中，只有枯水时节露出水面，方可椎拓。南宋孝宗淳熙年间打捞出水，后又入水。清康熙十二年（公元1673年），陈鹏年将五石移置焦山西南观音庵，存90余字。现在焦山宝墨轩仅存88字。

《瘗鹤铭》为何人所书，书于何时，至今未有定论。宋代黄庭坚以为是王羲之书，欧阳修以为是唐代顾况书，黄长睿以为是陶弘景书，近人研究，又以为是上皇山樵书。所书之人未定，故时代也无法界定，宋代黄长睿考证为南朝时梁天监十三年（公元514年）刻。不管此铭书于何时，为何人所书，它那萧疏淡远的书风，一经问世，就引起人们的广泛喜爱，后来学习书法的人，临习《瘗鹤铭》的人很多，有的人更是以此成为名家，如宋代大书法家黄庭坚。

《瘗鹤铭》书风近似《郑文公碑》，其艺术价值可与北碑媲美，历代书法家对其评价很高。瘗，就是埋。鹤，是古代隐者、道士喜爱的飞禽，有一种仙灵之气。瘗鹤，犹如葬花，是一桩韵事，但不是身居朝市的士大夫的举动，而是隐士的行为。所以，黄长睿认为他是南朝梁时最有名的隐士陶弘景所书。

南朝书风，走的是二王的道路，飘逸秀丽有余而刚劲雄强不足。《瘗鹤铭》的出现，是一个奇迹。它的书法字体奇逸，铭文笔势开阔，点画飞动。运笔以圆笔为主，结体宽舒，骨力开张，似欹实正，以奇取胜。从结构上看，上紧下橙，放荡飘逸，同时又有一泻千里之势。在提按走笔上，又形成一种若隐若现、月白风轻的艺术境界。

它既有北朝书法的奇肆纵放，又有南朝书法的圆转潇洒，整个书法充满着一种高古的酣畅淋漓之感、飞扬飘逸之志，令人心驰神往。

《瘗鹤铭》虽在南方，却和北方的《郑文公碑》有很多相似之处。都是强劲有力、钢浇铁铸式的篆书笔意，疏朗雄健的结体。二碑一南一北，相映生辉。

《瘗鹤铭》刻好后，一直竖立在焦山上。唐代宗大历年间，山洪暴发，被冲挪离原处，失落长江中。有人曾经想打捞起来，却都无功而返。于是，《瘗鹤铭》就在水底躺了300年。

北宋熙宁年间，修建运河，江水分流，疏掏工人才从江中捞出一块断石，监工之人正好是一个书法家，经辨认，发现此断石正是史书上记载坠落江中的《瘗鹤铭》的一部分。100年后，南宋淳熙年间，运河重修，疏掏工人又打捞出四块。送至当地县府，经考证，原来这四块断石也是《瘗鹤铭》的一部分。这样，与先前打捞上来的那块断石拼凑在一起，正好是失传很久的《瘗鹤铭》。

俗话说好事多磨。重见天日的《瘗鹤铭》注定多灾多难。到了明洪武年间，这五块断石又坠入江中。清康熙年间，镇江知府陈鹏年是个金石专家，他从史书上了解到《瘗鹤铭》坠江的大致区域，不惜巨资募船民打捞。皇天不负有心人，经过长达三个多月的打捞，终于在距焦山下游3里处，又将这五块残石捞了出来。《瘗鹤铭》的坎坷遭遇，使该碑更显珍贵。此石现在已建亭保护。

智永《真草书千字文》

    智永临集千文，秀润圆劲，八面具备。
              ——宋·米芾

  智永生卒年月不详，曾为僧人，名法极，俗姓王氏，会稽（今浙江绍兴）人，晋王羲之第七世孙，与兄孝宾舍家入道，住永兴寺，人称"永禅师"，工正、草书，闭门习书40年，据说写有千字文800余本，分送浙东诸寺各一本。所退笔头五筐管满，埋作"退笔冢"。求书者络绎不绝，踏破门槛，乃以铁裹之，人称"铁门限"。《真草千字文》是智永传世的唯一墨迹。智永《真草千字文》，高268厘米，宽97厘米，现藏日本小川简斋氏。为纸本，无款，正文202行，每行10字，其中缺"家给千兵"草书4字。前有标题二行，已断烂，今有影印本行世。另有石刻本，传世可见者有"关中本""宝墨轩本"两种，以"关中本"较为著名。"关中本"于宋大观三年（公元1109年）二月十一日，薛嗣昌以长安崔氏所藏真迹摹刻上石，后刻有薛嗣昌题记一则，现存西安碑林。

　　智永此件千字文，是楷、草两体间行的作品。楷书和草书在书写手法与风格上迥然不同，一般来说楷书较为工稳、端庄，草书较活泼、自由，把这两种不同风格的书体结合在一起是很不容易的，而智永运用他的高超书艺和超凡的表现手法，把两种不同的书体有机地结合起来，并表现得十分和谐、协调，既工稳、典雅，而又自由、活泼。故历来受到很高的评价。宋代米芾《海岳名言》云："智永临集千文，秀润圆劲，八面具备。"

颜真卿《祭侄文稿帖》

　　《祭侄文稿帖》，是颜真卿为祭奠就义侄子颜季明所作，被元鲜于枢跋誉为"天下行书第二"。

　　颜真卿（公元709—785年），字清臣，京兆万年（今陕西西安）人，因曾做过平原太守及封鲁郡开国公，所以后人习称"颜平原"和"颜鲁公"。颜真卿幼时家贫，无纸笔，以黄土书墙。他的书法初学褚

遂良，后得法于张旭，并能广学众体，熔铸为一，从而改变了初唐的书风。

颜真卿《祭侄文稿帖》，唐代作品，纵28.8厘米，横75.5厘米，现藏于台北故宫博物院。此帖为麻纸本，共25行，234字，前有"颜鲁公书祭侄帖"及乾隆题引首"祭侄稿记"。正文后有历代名人跋记及历代收藏鉴赏印数十方。此帖为《宣和书谱》《清河书画肪》等书著录。

该帖为起草文稿，更见他的书法真面目。这篇条文本身文笔流畅，内容涉及爱侄在安史之乱中殉难之事。常山太守颜杲卿父子一门在安禄山叛乱时，挺身而出，坚决抵抗，以致"父陷子死，巢倾卵覆"。通篇洋溢着正气。

季明是颜杲卿第三子即颜真卿堂侄，在父亲与颜真卿共同讨伐安禄山叛乱时，他往返于常山、平原之间，传递消息，使两郡联结，共同效忠王室。其后常山郡失陷，季明横遭杀戮，归葬时仅存头颅。颜真卿援笔作文之际，悲愤交加，情不自禁，一气呵成此稿。此稿又以非凡的气度，雄健的运笔夺人，可谓奔腾豪放，一泻千里，其反对叛乱，维护国家统一的决心和沉痛悲壮的心情，散发于笔端，成为书法形式与内容完美结合的典范，被后世称为"天下第二行书"。《宣和书谱》论述道："鲁公平生大气凛然，惟其忠贯日月，识高天下，故精神见于翰墨之表者，特立而兼括。忠臣烈士，道德君子，端严尊重，使人畏而爱之。"元代大书法家鲜于枢在跋语中亦对文稿书法大加称赞。

颜真卿的书法雄秀端庄，方中见圆，精力内含，见筋骨有锋芒，善于粗细对比，横细竖粗，大气磅礴，显示盛唐的面貌。同时他的书法也表现了他个人的正直、质朴等优秀品质。总的来说，颜真卿的书法对后世影响极大。

张旭《古诗四帖》

《古诗四帖》，是张旭狂草的典范，被后代行家一致誉为"千古绝笔"。

张旭，生卒年月不详，大约生活在唐玄宗开元、天宝年间。吴国（江苏苏州）人，字伯高，号季明，累官常熟尉、右率府金吾长史等职，人称"张长史"。因他的草书狂放，所以有人称他为"张颠"，后人将他与怀素合称"颠张醉素"。传说他写字"每大醉呼叫狂走下笔，或以头濡墨而书。既醒，自视以为神，不可复得也"。（《新唐书·李白传》）

张旭《古诗四帖》，唐代作品，纵29厘米，横205厘米，现藏于辽宁省博物馆。《古诗四帖》是张旭传世墨迹孤本，五色笺，40行，184字，卷后有明代书法家丰道生行书长跋，乌丝栏再用楷书重录前跋，再后有董其昌跋语。

此帖为狂草的典范。草书的发展是历经章草、今草和狂草三个阶段。章草始于西汉，今草成熟于晋代王氏父子，而狂草由张旭为开端。唐初书法四大家沿袭二王规范，虽有发展，但不出二王。而张旭所处时代恰值唐朝中兴之时，时代审美意识改变，引起书坛变革。张旭为适应时代要求写出了刚劲雄健、豪放不羁的狂草，开创了草书发展的新阶段，被书法界认为具有划时代的重大意义，公认他为狂草的始祖。

从《古诗四帖》看，其连绵回绕，笔断意连，如剑舞蛇游，且富有韵律。在运笔方面，以往都是方头侧入，形成横笔的笔锋在上，竖笔的笔锋在左。而张旭此帖运笔改为圆头逆入，笔锋藏于横竖画之中，与篆书相近。因此这种狂草虽豪放，但是并不怪，不离草书的基本规律。唐代大文学家韩愈对张旭草书有极高的评价：认为世间的喜怒、困窘、忧悲、怨恨、无聊等情感，都能融汇于笔端，从而表达了他的个性和情感。

《古诗四帖》为北宋宣和内府所藏，并有著录，后散入民间，南宋时归贾似道所有，《宣和书谱》误以为谢灵运书，至明代董其昌才定为张旭真迹。

欧阳询《仲尼梦奠帖》

若草里蛇惊，云间电发；又如金刚瞋目，力士挥拳。
——《书法钩元》

欧阳询（公元557—641年），字信本，潭州（今湖南长沙）人，官至太子率更令、弘文馆学士。从小聪明过人，博通经史，善于书法。他由篆隶入手，转学两晋，承前启后，"把两晋和南北朝以来兴起演变的楷、行、草书推向一个新的阶段"，成为初唐四大杰出书法家之一。代表作品《仲尼梦奠帖》《卜商帖》。

欧阳询《仲尼梦奠帖》，唐代作品，纵25.5厘米，横33.6厘米，墨迹本，现藏于辽宁省博物馆。《仲尼梦奠帖》为行书体，纸本，共9行78字，专家学者一致认为是欧阳询的书法真迹，现在所流传的四件真迹中以这件为最好，曾经收藏于南宋内府，后又落贾似道等人手中，流传至今。因其内容涉及史事，因此此帖与《张翰帖》《卜商帖》，统称为"史事帖"。

《仲尼梦奠帖》与《卜商帖》是欧阳询晚年之作，但许多学者公认《仲尼梦奠帖》是真迹无疑，对《卜商帖》是否是真迹还有争论。在欧阳询的书迹中，多数为碑石拓本，墨迹极少，而《仲尼梦奠帖》又是四件墨迹中的佳品，是学习研究欧氏书法的极好教材。该帖字形"圆畅方挺"，为秃笔疾书而成，方中有圆，力透纸背，转折自如，毫无呆滞之感。从整体布局上看，上下一气贯通，在大部分笔画平正的基础上，有些字有意识略有偏置，有一定趣味，形成了书风特色。

历代书法家高度赞扬他的书法，称为"若草里蛇惊，云间电发；又如金刚瞋目，力士挥拳""劲险刻厉，森森然若武库之戈戟"。但从总体而论，《仲尼梦奠帖》与王羲之的《兰亭序》极似，说明是在继承王羲之书法基础上而有所创新的。

柳公权《玄秘塔碑》

《神策》意态偏浓，余更喜此铭清疏之致。
——启功对《玄秘塔碑》的评价

柳公权（公元778—865年），字诚悬，京兆华原（今陕西耀县）人。幼年嗜学，12岁能为诗章。宪宗元和年间考中进士，初为秘书省校书郎。唐穆宗即位，召见柳公权，说："朕常于佛寺见卿笔迹，思之久矣。"当即拜右拾遗，充翰林侍书学士。后官至太子少师，人称"柳少师""柳河东"。

柳公权《玄秘塔碑》，唐代作品，会昌元年（公元841年）十二月立，螭首方座，高386厘米，宽120厘米，现藏于陕西省历史艺术博物馆。《玄秘塔碑》全称《大达法师玄秘塔碑》，亦称《大达塔碑》。碑文由裴休撰，柳公权书并篆额，邵建和、邵建初镌字，正书28行、每行54字，下截每行磨灭3字，虽旧拓亦然，其余则皆为完好。篆额"唐散左街僧录大达法师碑铭"。碑阴刻有"纪纲重地"四个大字，又有"大中六年从丘正吉"题字。

碑文主要讲大达法师端甫在唐德宗、顺宗、宪宗等朝受到恩遇的情况。端甫系陕西天水人，俗姓赵，曾出任皇太子的法师，元和元年成为左街僧录内供奉。此碑在柳公权的书法中，是最强劲锐利的一种，集中表现出了他的笔力和筋骨的特征，是历来影响最大的楷书范本之一。此碑是柳公权64岁时所书，拓本较多。北宋初期的拓本碑文首行"奉三教"的"三"字完好，第三行"上柱国"三字的"国"字也没有损坏。南宋拓本首行"安国寺上座"的"上"字完好无缺。

柳公权学习书法善于博采众家之长，如他吸取魏碑方笔字斩钉截铁、棱角分明的长处，把点画写得如刀切一样爽利，又吸取虞世南、欧阳询楷书结体上的紧密，把字写得严谨、峻整，故《旧唐书》讲："公权初学王书，遍阅近代笔法，体势劲媚，自成一家。"他的字结构紧密得当，用笔方圆兼备，笔画瘦劲，干净利落。

柳公权书法最大的特点是在骨力，其用笔意如斩钉截铁，起笔虽用藏锋，但始终给人一种刚方凄利之感。行笔劲挺如弦，转折分明，行笔得其骨，使转得其肉，挺拔遒劲，风骨凛然，处处给人清刚雅正之气。骨力之强，实为绝无仅有。柳公权的楷书，力纠时弊，变肥俗为瘦硬，独创一格，并与颜真卿齐名，世称"柳骨颜筋"。

黄庭坚《诸上座帖》

元祐间书，笔意痴纯，用笔多不到。晚入峡见长年荡桨，乃悟笔法。

——黄庭坚

黄庭坚（公元1045—1105年），字鲁直，号山谷道人，涪翁，分宁（江西修水）人。治平四年（公元1067年）进士，官至检讨官及著作郎。后以修实录不实之罪，遭受贬谪。他是诗人，其诗追求奇特的风格，开创了江西诗派，影响很大。他工书法，与苏轼、米芾、蔡襄合称"宋四家"。

黄庭坚写得一手好楷书。著名的《诗送四十九侄帖》（现藏于北京故宫博物院）《松风阁诗》（现藏于台北故宫博物院）等是他行楷书的代表作。前者笔法苍劲老健，纵横舒展，给人"奋发""轩昂"的快感。后者活泼而富变化，字体呈内紧外松状，笔法浑圆，出笔长而有力，一波三折，气势开张。他的书法在当时和后世都产生了很大影响，受到极高评价。但是真正为世所重的还是他的草书，其中《诸座上帖》学怀素的狂草体，笔意纵横，气势苍浑雄伟，字法奇宕，如马脱缰，无所拘束，尤其能显示出书者悬腕摄锋运笔的高超书艺。

黄庭坚《诸上座帖》，北宋作品，草书纸本，纵33厘米，横729厘米。现藏于北京故宫博物院。《诸上座帖》是黄庭坚应他的朋友李任道的要求而书写的。92行477字。文字内容记述了五代时金陵僧人文益的语录。

文为："诸上座为复只要弄唇嘴，为复别有所图，恐伊执著，且执著甚麼，为复执著理，执著事，执著色，执著空，若是理，理且作麼生执，若是事，事且作麼生执，著色，著空亦然。

山僧所以寻尝向诸上座道，十方诸佛，十方善知识时尝垂手。诸上座时尝接手（以下点去16字，不录），十方诸佛诸善知识垂手处合委悉也。甚麼处是诸上座接手处，还有会处会取好，莫未会得，莫道捴是都来圆取。诸上座傍家行脚，也须审谛著些子精神，莫只藉少智慧，过却时光，山僧在众见此多矣。古圣所见诸境，唯见自心，祖师道，不是风动幡动，风动幡动者心动。但且怎麼会好，别无亲於亲处也。

033

僧问，如何是不生灭底心。向伊道，那个是生灭底心。僧云，争奈学人不见。向伊道，汝若不见，不生不灭底也不是。又问，承教有言，佛以一音演说法，众生随类各得解，学人如何解。向伊道，汝甚解前问已是不会古人语也，因甚。却向伊道，汝甚解，何处是伊解处。莫是于伊分中，便点与伊，莫是为伊不会问，却反射伊么，决定非此道理，慎莫错会，除此两会，别又如何商量。

诸上座若会得此语也，即会得诸圣揔持门，且作么生会，若会得一音演说，不会得随类各解，恁么道莫是有过无过，说么莫错会好，既不恁麽会说一音演说，随类得解，有个下落，始得每日空上来下去，又不当得人事，且究道眼始得。古人道，一切声是佛声，一切色是佛色，何不且恁么会取。"

以下行书："此是大丈夫出生死事，不可草草便会。拍盲小鬼子往往见便下口，如瞎驴吃草样，故草此一篇，遗吾友李任道，明窗净几，它日亲见古人，乃是相见时节。山谷老人书（古书画过眼要录）。"通篇是禅语，不易理解。上另有宋、明、清人的题跋及收藏鉴赏印。

整篇龙飞凤舞，一气呵成，正如清代孙承泽评论其书道："字法奇宕，如龙搏虎跃，不可控御，宇宙伟观也。然纵横之极，却笔笔不放。"由此可见，此卷是黄庭坚草书中的精品。

黄庭坚学草书30余年。他初学周越（宋代人），后学苏舜元兄弟草书，才得古人笔意，再后学张旭、怀素墨迹，乃悟笔法。他曾自言："元祐间书，笔意痴纯，用笔多不到。晚入峡见长年荡桨，乃悟笔法。""绍圣甲戌（公元1094年）在黄龙山中，忽得草书三昧（山谷集）。"由此说明，他是广泛吸收前人所长而形成自己的独特风格。

黄庭坚《李白忆旧游诗草书》卷

> 山谷书法，晚年大得藏真（怀素）三昧，此笔力恍惚，出神入鬼，谓之"草圣"宜焉！
>
> ——沈周

黄庭坚《李白忆旧游诗草书》卷，北宋作品，约书于公元1104年（北宋崇宁三年），草书纸本，纵37厘米，横392.5厘米。现藏于日本京都藤井斋成舍有邻馆。《李白忆旧游诗》，为黄庭坚的草书代表作之一，卷前缺80字，无书写年款，后有元张铎、明沈周题跋墨迹本。

黄庭坚的草书代表了宋人草书的最高成就，可以说在草书方面，连同时代的大文豪苏东坡也不如他。沈周在跋文里说："尝记元祐中，子瞻苏公，穆父钱公同观公挥毫作草于宝梵僧舍，子瞻叹赏再四……"如果说，宋人行书尚有苏、米等分享其荣的话，则草书堪称"只此一家，别无分店"，《宋史》本传专门赞黄庭坚"善草书"。

在谈到自己的草书时，黄庭坚曾说："余学草书30余年，初以周越为师，故20年抖擞俗气不脱。晚得苏才翁子美书观之，乃得古人笔意，其后又得张长史、僧怀素、高闲墨碰，乃窥笔法之妙。"被谪川入峡时，见"长年荡桨，群丁拔棹"，又见到石扬休家藏的《怀素自叙帖》"纵观不已，顿觉超异"才悟藏真（怀素）笔法之三昧，脱尽俗气。

此卷为黄庭坚晚年所作，狂草风格一如怀素的《自叙帖》，初看如满纸云烟，飞花乱坠，完全是一派风姿跌宕、豪纵奇逸的风格，但细细观察则格律甚严，笔笔周到，无笔轻率缭绕，所谓"出规入矩"，"狂怪处无一点不合轨范"。这一点他不同于前辈张旭、怀素，也不同于后来的祝允明，从表现性情而言似乎少了一点狂放不羁之气，但从艺术规律看似又更符合审美要求。黄庭坚论书称"楷法欲如快马入阵，草法欲左规右矩"。这是一种矛盾的统一。

这种"矛盾的统一"可概括本诗卷的特点。"动"与"静"的统一，本卷中静的方面如岗峦起伏，奇峰争险，动的又如云轴出山变化无际；刚与柔的统一，柔处如江南之杨柳，随风摇曳而多姿，刚处如冀北之铁马，长啸奔腾而不可遏止；放与收的统一，纵笔如风卷残云，一扫千里，气雄浑而含蓄，收处则又小心翼翼，珠圆玉润，笔短而意长。虽然此则草书千变万化，但"书字总能如人意"，张弛、收放恰合胸臆与诗意。

最后是诗的内容与书法气韵之统一，诗仙的诗句与山谷的书法完美融合。诗为"清风吹歌人空去，歌曲自绕行云飞"。诗句极其潇洒浪漫，正适合以草书的形式加以表达。在此卷中，李白的诗句和狂草的线条取得了高度的和谐与流通。黄庭坚在一泻千里的连贯结构中采用各种对比的形式：忽长、忽扁，忽左倾、忽右斜，起伏跌宕，舒卷多姿。千年之后看来，仍能感觉到黄庭坚被太白诗中意境深深感染。

黄庭坚的草书源于他的艺术造诣，更源于他的学养、胸怀。《庄子刻意》云："若夫不刻意而高，无仁义而修，无功名而治，无江海而闲，不导引而寿，无不忘，无不有也，淡然无极而众美从之，此天地之道，圣人之德也。"所谓"无法而法""规律与自由的统一"，我们已从张旭、怀素作品中见识过，这里又从山谷的作品中再次赏析，可以知自古以来为何没有篆圣、隶圣、楷圣，只有草圣的道理了。《李太白忆旧游诗》是黄庭坚作品中最富于浪漫气息的一幅。黄庭坚是"宋四家"中唯一以狂草闻名于世的，是宋代书坛狂草艺术最高成就的代表。

苏轼《黄州寒食诗帖》

> 东坡此诗似李太白，犹恐太白有未到处。此书兼颜鲁公、杨少师、李西台笔意，试使东坡复为之，未必及此。
>
> ——黄庭坚

苏轼（公元1037—1101年），字子瞻，号东坡居士，眉山（今属四川）人，出身于极有文化教养的知识分子家庭。父亲苏洵，才文宏辩，有"当代荀卿"（荀子，战国时期的思想家）之称。母亲程氏亦精通文墨，他自幼生活在浓厚的文化艺术氛围中，在父母的熏陶下，对文学和书画艺术产生了特殊的兴趣。宋仁宗嘉祐二年（公元1057年），与弟苏辙同考进士，双双金榜题名。苏氏父子三人同在"唐宋古文八大家"之列，世称"三苏"。

苏轼考进士时，主考官乃北宋文坛领袖欧阳修。欧阳修读了苏轼才华横溢的文章后，甚为惊喜地说："读苏轼书，不觉汗出，快哉！老夫当避路，放他出一头地也。"神宗时，他任祠部员外郎，知密州、徐州、湖州，后因反对王安石变法被贬谪黄州。哲宗时被召还朝，任端明殿翰林侍读学士、礼部尚书。因抨击时政，又被旧党攻击，出知杭州，再贬惠州、儋州。徽宗继位后被大赦北归，因瘴毒病死于常州，卒谥文忠。苏轼宦海浮沉40余年，饱经沧桑，屡受颠簸。他历任地方官时，均颇有政绩，深受人民爱戴，但总因政治上不得意而未竟其志。

苏轼《黄州寒食诗帖》是苏轼撰诗并书，墨迹素笺本，横34.2厘米，纵18.9厘米，行书17行，129字，现藏于台北故宫博物院。此帖是苏轼被贬谪黄州（今湖北黄冈）后第三年寒食节所写下的自己所做的诗：

自我来黄州，已过三寒食。年年欲惜春，春去不容惜。今年又苦雨，两月秋萧瑟。卧闻海棠花，泥污燕支雪。暗中偷负去，夜半真有力，何殊病少年，病起头已白。春江欲入户，雨势来不已。小屋如渔舟，蒙蒙水云里。空庖煮寒菜，破灶烧湿苇。那知是寒食，但见乌衔纸。君门深九重，坟墓在万里。也拟哭途穷，死灰吹不起。

　　全帖笔意很自然，用笔多侧锋，无论上下左右，随笔写出，点画厚重沉雄却又带有灵动天真之气。特别是写到最后的"衔纸君门深"这一行，"纸"字最后一笔凌门直下，直中带曲，柔里含刚，洒脱、精妙、生动，真可称之为神来之笔。体势多横扇形，间以纵长者破之，并不显得闷塞。上下呼应有意，左右顾盼生情，字态摇曳多姿，"端庄杂流丽，刚健寓婀娜"，恰是他自己书风的写照。

　　此帖的一大妙处是把颜鲁公、杨少师、李西台三家笔意浑然天成地融化之，可称为意造天书，而"学问文章之气，郁郁芊芊，发于笔墨间"，显得态浓意淡，天真烂漫，情寓诗中，怀寓书内，具有一种特别的韵致。

　　诵读此篇，不唯词清味腴，书法也笔健气雄。苏轼一生仕途坎坷，政治上遭受挫折，多次被贬谪，但是他的文风、诗风、书风中却并未显露出衰疲颓废之气。此帖也是苏轼平生得意之作，黄庭坚甚至有"试使东坡复为之，未必及此"的说法。《黄州寒食诗帖》被推为"天下第三行书"。

赵佶《草书千字文》

　　《草书千字文》是宋徽宗赵佶的传世书法精品，为"中华十大传世名帖"之一，被誉为"天下一人绝世墨宝"，可与怀素的狂草比肩。

赵佶虽然在政治上是一个非常昏庸的皇帝，但在艺术上却是一个天资聪颖的书画家。他在位时，广泛征收民间流传的历代文物、书画，亲自掌管翰林书画院。任命内臣编撰了《宣和书谱》二十卷、《宣和画谱》二十卷、《宣和博古图》三十卷，成为中国书画史上的重要著作。

赵佶的"瘦金体"是中国书法领域里一枝别具风采的奇葩。他的瘦金体草书名篇《草书千字文》奔放雄健，潇洒自如，洋洋千字，一气呵成，毫无倦意，神韵十足，甚为壮观。《千字文》是中国古代孩童的启蒙读物，是南朝周兴嗣集结王羲之书法中的一千字，编成每句四言的韵文，包括自然、社会、人伦等方面的知识，也被后来历代书法家作为书写底本。

赵佶《草书千字文》，北宋作品，草书长卷，纵31.5厘米，横1 172厘米。现藏于辽宁省博物馆。文物出版社、上海人民美术出版社各有影印本行世。此书法长卷写在一张整幅描金云龙笺上，是赵佶40岁时的作品，笔势奔放流畅，变幻莫测，颇为壮观，堪称继张旭、怀素之后的杰作。

赵佶的楷书初学薛曜、黄山谷，后出于挺秀瘦劲，形成自己的独特风格，自号"瘦金体"。从《草书千字文》可以看出，它的风格明显区别于魏、晋、唐人的楷书。其横、竖、撇、捺、钩，均夸张加长，字的主体骨架十分明显。结构上呈内紧外松，中心收敛，向外围伸展，颇似山谷行书。点画起笔处多不逆笔藏锋，而作顺笔着纸而行。收笔处却突出强调顿笔、挫锋后回锋。这样，横、竖画收笔处形成明显的大点，过之者则成为钩。撇如匕首，峻峭爽利，捺如切刀，斩截痛快，笔画细瘦却刚劲有力。

"瘦金体"隐含着"瘦筋体"之意。楷书发展至宋，有近千年的历史，其间虽然枝分派衍，肥瘦各异，但承袭相因者多，锐意革新者少。赵佶独以锋芒闪耀神采焕发的"瘦金体"自铸个性，不能不说是个创新。他在艺术上的创新意识在书法史上的意义要比其"瘦金体"本身大得多。

宋代崇尚意韵，而行书、草书可以表现人的风神韵致，所以广泛流行，加上苏、黄、米、蔡统领北宋书坛，赵佶的楷书自然未能产生多大影响。瘦金体书法锋芒毕露，而少含蓄内敛，学此体者如果没有深厚的功力，不但从中学不到书法精髓，弄不好还会染上纵横牵掣、笔笔出锋的怒张习气，以致走上歪路。所以历来学此书者极少。

祝允明《草书诗帖》

> 晚节变化出入，不可端倪，风骨烂漫，天真纵逸。
> ——王世贞

祝允明（公元1461—1527年），字希哲，因右手多一指，所以取号枝指生、枝指山人、枝山，长洲（今江苏苏州）人。他出身吴郡名门，外祖父徐有贞官至华盖殿学士，祖父祝颢官至山西左参政，他的岳父李应桢授中书舍人，弘治时为太仆少卿，他们均是魁儒，又是造诣很高的书法家。

祝允明从小受到家庭的影响很大，5岁能书尺字，9岁能诗，可谓是才气横溢。他的书法先从家中学起，后学晋唐，得欧字之骨、颜楷之雄、褚字之秀、虞字之腴，尤善小楷，直追魏晋人遗意。楷法既立，流溢为行草则自然可观，再加上他疏放不羁的个性，更使他对草书情有独钟，他的草书主要得徐有贞的指点，由旭、素上溯二王。

祝允明《草书诗帖》，明代作品，纵20.7厘米，横218.8厘米，现藏于辽宁省博物馆。

《草书诗帖》为纸本，前半部书写的是李白的《惜余春》中的一段，后一段写的是李白的《关山月》，字如拳头大小，洋洋洒洒，一气呵成，当为祝允明草书中的精品。

祝允明的草书体字形变化很大，大小、方圆、斜正、曲直、粗细信手挥洒，变化自然。在章法上行气贯通，如风行水上，自然成文，意到笔随，行距紧密，字字相连，长横作顿折势。

作者善用狼毫，喜用破毫杀纸，笔势豪迈，又重如千斤，如暴风骤雨，从中我们可以看到祝允明的草书，曾受到唐代张旭、怀素和宋代米芾、黄庭坚的很大影响。莫云卿在题跋中给了很高的评价，说："虽笔札草草，在有意无意，而章法结构，一波一磔（捺笔），皆成化境，自是我朝第一手耳。"后人也一直推崇他是明代书法第一高手。

祝允明不仅善草书，而且精工小楷，早年有晋唐楷书功底，中年以后涉猎渐广，学唐宋名家，转益多师、博采众长、融会贯通，自魏晋钟王直至元之赵孟頫，莫不临写工绝，故其书至晚年时变化出入不可端倪，风骨烂漫，一派天真纵逸。

从他流传下来的草书作品来看，面目各异，有形不贯而气贯的章草，有如行云流水的今草，亦有气势奔放的狂草，不论何种形式的草书，都写得开张舒放，跌宕奇逸，笔力遒劲，点画狼藉，看似乱其实不乱，看似散其实气脉贯注，并不因率意而潦草，笔笔都能断而后起，能于使转中见点画，故通幅视之，显得神采奕奕，气势豪放。明王世贞在《艺苑卮言》评祝允明书谓："晚节变化出入，不可端倪，风骨烂漫，天真纵逸。"《草书诗帖》足可当之。

第四章 绘画：描绘的才华

顾恺之《洛神赋图》卷

顾恺之《洛神赋图》，是中国古代绘画史上著名的人物故事画作品，被列为中国十大传世名画之一。

顾恺之（约公元346—407年），字长康，小字虎头，江苏无锡人。他曾在大将军桓温、殷仲堪帐下担任参军等职务。善绘人物、宗教、飞禽走兽等，尤以人物画为最佳，能表现人物的性格和精神特点，可惜真迹已失传，只有历代摹本传世。当时人称赞顾恺之为"才绝，画绝，痴绝"。他的绘画在当时享有极高的声誉，后人将顾恺之、陆探微、张僧繇合称为"六朝三杰"。

顾恺之《洛神赋图》为东晋绢本，纵27.1厘米，横572.8厘米，现藏于北京故宫博物院。《洛神赋图》卷是中国古代绘画史上一件著名的人物故事画作品，是东晋时著名画家顾恺之根据三国时的文学家曹植所写的《感甄赋》（后改名《洛神赋》）而创作的。原画已佚，现仅存几种摹本，北京故宫博物院所藏宋人摹本是最接近原作风格的。

曹植是曹操的次子，年轻时十分爱恋甄氏，但后来甄氏嫁给了袁绍的儿子。官渡之战中，曹操战胜袁绍，甄氏又成为曹丕的夫人。曹丕称帝后，甄氏虽被立为皇后，但不久失宠，郁闷而死。曹丕早就知晓曹植对甄氏的感情，于是把甄氏生前的爱物玉镂金带枕送给曹植以作纪念。曹植睹物生情，感伤不已，在回归自己封地，路过洛水时，夜晚梦见甄氏，在悲痛之余作《感甄赋》。

赋中以传说中伏羲的女儿在洛水溺死后化为神仙的动人形象，来比作甄氏的化身。画卷开始便是曹植和他的侍从在洛水之滨遥望，美丽的洛神在水面上出现，含情脉脉，似来似去，可望而不可即，表达了诗人无限惆怅的情意。画面接着表现洛水女神在天空、山间歌舞，曹植携随相送。

洛水女神坐在异兽驾驶的车上，乘风而去。曹植一行站在渡河的楼船内凝目远望，天各一方，无奈最后只有乘车慢慢地离去。画卷随情节变化而展开，类似连环画。作者用笔遒劲古朴，笔道延绵，犹如春蚕吐丝，对人物形态、神情的刻画也十分成功。画面上的衬景车船、女娲、雷神、鱼龙，无不栩栩如生。

顾恺之《女史箴图》卷

顾恺之创作的《女史箴图》，以日常生活为题材，笔法如春蚕吐丝，将女子的姿态画得从容、秀逸，并配以形态各异的飘带，显现出飘飘欲仙、雍容华贵的气派。

顾恺之《女史箴图》，东晋作品，绢本设色，纵24.8厘米，横348.2厘米。真迹已佚，现存世的有两幅摹本。一本为南宋人所摹，现藏于北京故宫博物院；另一本为唐人所摹，于1900年被八国联军掠去，现藏于英国伦敦大英博物馆。

此图卷是根据西晋张华《女史箴》中的内容所绘，采用一图一文的形式，人物描绘流畅细腻，造型准确，神情生动。画中女子姿态从容，秀逸典雅，显示出了当时贵族女子的精神风貌。画风古朴，运笔缜密，色调细腻匀称，体现了当时以形传神的创作特点。

女史是宫廷中侍奉皇后左右、专门记载言行和制定宫廷中嫔妃应遵守的制度的女官。箴（zhēn）是规劝、告诫的意思。西晋惠帝无能，皇后贾南风操纵朝政，且荒淫放荡。张华以此为题材作《女史箴》，以韵文形式，拟女史口气，既讽刺放荡暴戾的贾后，也规劝教育宫廷妇女应遵循的封建道德，顾恺之依据《女史箴》画成一分段长卷。

张华所作《女史箴》原文共12节，所以顾恺之的《女史箴图》也分为12段，前3段已遗失，尚存9段。这9段内容根据各段《女史箴》文，依次为：冯媛挡熊、班姬辞辇、世事盛衰、修容饰性、同衾以疑、微言荣辱、专宠渎欢、靖恭自思、女史司箴。

这9幅画面中，第一幅画的是冯昭仪以身挡熊，保卫汉元帝的故事；第二幅是班姬不与汉成帝同车的故事；第三幅画的是山水鸟兽；第四幅描绘的是"人咸知修其容，莫知饰其性"；第五幅表达的是夫妻之间也要"出其擅言，千里应之"，否则"同衾以疑"；第六幅表达的是一夫多妻制；第七幅表达了"欢不可以渎，宠不可专"的内容；第八幅描绘的是妇女必须服从丈夫的支配；第九幅是"女史司箴，敢告庶姬"。

《女史箴图》以连环画的形式，宣扬了古代妇女应遵守的清规戒律，是儒家传统思想的反映。画中人物面目衣纹无纤媚之态，笔迹周密，气味古朴。对人物面部的勾画，则细处求工。个人均以细线勾勒，只在头发、裙边或飘带等处敷染以浓色，微加点缀，不求晕饰,整个画面典雅宁静又不失亮丽活泼,其绘画语言充分体现了顾恺之所提倡的"以形写神,迁想妙得"的法则。中国绘画特色之一是以线造型,传统的线描都是粗细一律的"铁线"或"高古游丝"描,而顾恺之的线描是细线描,显得别有韵味。有人把他的线描比作"春云浮空,流水行地",自然而朴素流畅,也有人称他的线描如"春蚕吐丝",圆润、细劲、连绵,如一气呵成。顾恺之用笔作画是"意在笔先",画意在执笔之前已胸有成竹了。

虽然《女史箴图》是依照张华的《女史箴》文所画,但并不是只限于抽象的描绘,而是塑造了现实生活中的典型环境,刻画出了典型的人物。以第一幅"冯媛挡熊"作例,据史书记载,汉元帝携众妃眷去看斗兽,忽然有只黑熊逃出,朝元帝跑来。众妃眷惊惶逃避,连皇帝都不顾了,唯独后妃冯媛为了皇帝的安危,挺身去挡熊。黑熊受阻,武士们得以将熊刺死,元帝才免受其害。顾恺之根据张华《女史箴》文中"冯媛趋进"一句来加以描绘,画面上的黑熊张牙舞爪,异常凶猛,而身体瘦弱的冯媛却神态自若,以飘动的衣带将"趋进"两字体现得非常贴切。画中,冯媛昂首挺胸,目光坚定,毫无畏惧,视死如归的凛然气概表现得淋漓尽致。

第三幅描绘了一位风采奕奕的贵族妇女在对镜梳妆,左边的侍女在为贵妇梳理发髻。铜镜为圆形,放在特制的镜架上,镜子旁还有长、圆不同的梳妆盒。画面右边还有一贵妇,正左手持镜,用右手整理并欣赏自己的发髻。整个画面生动形象,是古代绘画史上的杰作。

《女史箴图》中人物仪态宛然,细节描绘精微,所画妇女端庄娴静,符合封建箴条。笔法细劲连绵,设色典丽秀润,据考证,画风比《洛神赋图》要古,与北魏司马金龙墓屏风漆画的风格有些相近。画卷中的山水与人物关系是人大于山,山石空勾不皴,这反映了早期山水画的风格。

展子虔《游春图》卷

展子虔创作的《游春图》，青绿山水、画面色彩明秀，使山水画进入了"青绿重彩，工细巧整"的新阶段。

展子虔（公元550—617年），渤海（今山东阳信）人，一生经历了北齐、北周和隋三个朝代，曾任隋朝散大夫、帐内都督等职，擅长画人物、鞍马、楼阁建筑、宗教造像和山水。据画史记载，他还是位画壁画能手。其青绿山水的画风对唐代绘画产生了巨大影响，是一位上继六朝传统，下开唐代画风的承前启后者，代表作品为《游春图》。一些古代评论家把他与东晋顾恺之、刘宋的陆探微、梁代的张僧繇三人并提，合称为"顾陆张展"。

展子虔《游春图》卷，年代隋朝，纵43厘米，横80.5厘米，现藏于北京故宫博物院。此图为绢本设色，卷首有宋徽宗赵佶题"展子虔游春图"6字。

图中主要描绘人们在风和日丽的明媚春光中，到山水间去"踏青"，湖边有一条弯弯的小路，蜿蜒通向幽静的山谷。人们在小路上，有的骑马，有的漫步缓行，行进间观赏着青山绿树、花团锦簇和清澈的湖光秀景。在波光微荡的湖面上，有一条游船在水面上缓缓漂荡着，船上乘坐着几位女子，正陶醉于环湖的明丽的青山绿水中。在绿荫丛中，隐藏着一座座古寺，令人流连忘返。

《游春图》卷用细线勾描，没有皴笔，施以青绿，画面色彩明秀，人物直接用粉点出，树木或用双勾夹叶，上染淡绿，或直接以绿色圈出。图中山水树木与人马的比例较六朝时期趋于合理。《游春图》卷的出现，使山水画结束了"人大于山，水不容泛"的稚拙阶段，而进入"青绿重彩，工细巧整"的新阶段。

阎立本《步辇图》卷

《步辇图》，为唐代阎立本所画唐太宗接见吐蕃使节的情景，被誉为"中国十大传世名画"之一。

阎立本生年不详，死于公元673年，雍州万年（今陕西西安）人，隋唐间曾任将作大臣、工部尚书、右相与中书令，师承隋代杨契丹、郑法士、董伯仁、展子虔及其父。善写人物、车马、台阁、肖像，尤擅长历史题材肖像画与历史人物画，曾参与绘制《秦府十八学士图》《凌烟阁功臣图》，享有"右相驰誉丹青"之称。他"变古象今"，代表了初唐中原画家的风格。

阎立本《步辇图》卷，唐代作品，绢本设色，纵38.5厘米、横129.6厘米，现藏于北京故宫博物院。《步辇图》卷所画的是贞观十五年（公元641年），唐太宗李世民接见来迎娶文成公主的吐蕃使节禄东赞的情景。所谓步辇就是宫女抬着皇帝的坐榻，此图即以此为名。

该图无款，上有宋代章伯益的篆书题记和米芾等人的题款，是唐代历史人物画的代表作之一。图中李世民端坐于六名宫女抬着的步辇上，神态威严大度，三名宫女手撑华盖、御扇侍立前后。这些年轻宫女姿态各异，表情不一，但眉间皆显示出少女活泼天真的性格。唐太宗的面前站立着三个人，居中者就是松赞干布派遣的使者禄东赞，他的服饰与发型带有浓郁的少数民族特色，恭敬而立的姿态显得肃穆谦和。他的左侧是一名身穿白袍的内官，右侧着红袍的是这次接见活动的礼宾官。这两位官员恭敬、拘束的神态都栩栩如生。

这是一幅生动真实的人物画。主要人物大，从者小，整个布局得当，每个人的神态与动作都与其身份、地位相符合。色彩浓淡配比十分微妙。对李世民和禄东赞的肖像刻画尤为传神。从技法上看是先用墨而后着色，平涂、渲染兼有，但不再以线条勾勒，设色也单纯沉着。

敦煌石窟《伎乐图》

《伎乐图》是敦煌莫高窟《西方净土变》的一部分，素以伎乐"反弹琵琶"的绝技闻名遐迩。

地处西北边陲的敦煌，有中国古代著名的四大佛窟之一敦煌石窟，和云冈、麦积山、龙门石窟不同的是，它不仅有大量的彩塑佛像，而且有大量精美绝伦的壁画。虽然经过自然和人为的破坏，但至今仍有492个洞窟，45 000平方米的壁画保存下来。

这些壁画最早的是4世纪南北朝时期的作品，经历隋唐五代宋，直到元代，其作品不仅数量丰富，绘画水平也很高。敦煌壁画的内容，大致可以分为佛像画、故事画（包括佛传故事、佛本生故事、因缘故事）、传统神话画、经变画、佛教史迹画、供养人画和装饰图案画七类。

《伎乐图》是敦煌莫高窟112窟上的壁画，位于南壁东侧，纵106厘米，横168厘米。中唐（吐蕃时期）无名氏作。它是《观无量经变图》的局部。

这幅《伎乐图》是一幅经变画。经变画是指一切以佛经为题材的绘画。这里所说的经变画，是指根据一部经绘制成的一幅图画的巨型经变。经变画是中国佛教艺术的独特形式，东晋时的顾恺之等就已经画过一些经变画。莫高窟经变画始于隋，盛于唐，五代仍承其余绪，而以唐代经变画成就最高。

《观无量经》是佛教净土宗的《净土三经》之一。净土宗与禅宗一样，兴起于唐代，是在中国影响最大的佛教宗派之一。按照佛教的说法，我们所居住的世界叫娑婆世界，教主是释迦牟尼佛。此外，东方是净琉璃世界，教主是药师佛。西方是极乐世界，教主是阿弥陀佛。净土指的就是西方极乐世界。

据说西方极乐世界是一个以黄金铺地，建筑以金、银、琉璃、赤珠、玛瑙等装饰的，到处是香风宝水，这里"无有众苦，充满诸乐"，人想衣即得妙衣，想食即得美食。而且往生极乐世界的方法也很简单，只要一心念阿弥陀佛就行。

《观无量经变图》描写的就是西方极乐世界金碧辉煌、曼歌妙舞的景象。敦煌莫高窟112窟的规模并不是很大，但是进入洞窟，站在南壁前，仰望这一幅《观无量经变图》时，却仿佛置身于宏阔伟丽的西方佛国世界：高峻的崇楼丽阁、梵宫琼宇，镂金错彩，香花宝络。阿弥陀佛微笑着端坐在正中的莲台上，四部圣众环列于旁。座后彩云飘浮，飞天散花；座下华鸭戏水，花团锦簇。壁画的正中主体部分，是一组歌舞表演图。

唐代是中国历史上音乐舞蹈的鼎盛时期。随着丝绸之路上悠悠驼铃传入中国的西域文化，尤其是音乐，对中国艺术产生了深远的影响。唐代的"十部乐"，除"清商乐"一部外，其余九部几乎都是胡乐，如"龟兹乐""天竺乐""安国乐""康国乐"等。这些音乐和中国本土音乐结合，构成了极为繁盛的唐代燕乐。在宫廷庙堂、城乡市尘，乃至青楼酒肆，寺庙道观，到处笙歌嘹亮。《秦王破阵乐》《霓裳羽衣舞》《剑器》《六么》《胡旋》《胡腾》，尽一时之妙。

《伎乐图》描绘的是一组小型乐舞图。由六名女乐手组成的乐队分坐两旁，她们分别演奏着拍板、笛、鼓、琵琶、阮咸、竖箜篌。对这六名乐伎的描绘非常传神。她们都席地而坐，面容丰满，肌肤白皙细润，神态安详，演奏的姿势画得十分准确传神。比如吹横笛的乐伎，头略向右侧，嘴唇微撮；琵琶乐伎弹奏的是从西域龟兹传入的胡琵琶，横抱，显然是用拨子弹奏。一曲悠扬动听的乐曲，似乎正从她们的手底流出。

看过舞剧《丝路花雨》的人一定还记得剧中美丽的英娘"反弹琵琶"的优美舞姿，无不为她美不胜收的姿态如痴如醉。这幅图的正中是一位正在舞蹈的乐伎，她梳高髻，戴宝冠，着羽裤，束长带，美貌丰腴，浑身上下散发出青春的气息。她上身半裸，袒露出雪白的肌肤。一条翻飞飘荡的长带挂在赤裸的双臂上，随着舞者的动作上下飘拂。她右足着地，左足上抬，身体向右前方倾斜。她扭身出胯，双手弹奏着置于脑后的琵琶，这正是《丝路花雨》中英娘"反弹琵琶"动作的原型。

吴道子《送子天王图》卷

吴道子画的《送子天王图》，将人物刻画得入木三分，被张彦远称为"古今独步，前不见顾、陆，后无来者"。

吴道子（约公元685—758年）又名道玄，河南阳翟（今禹州）人。他幼年贫穷孤苦，但未满20岁，"已穷丹青之妙"。他在当过一段县小吏和县尉以后，便跑到繁华的东都洛阳，过着浪迹江湖的生活。在洛阳，他见到了许多前代和当代著名画家的作品，特别是张僧繇的画给了他很大影响。他画画很快，像一阵旋风，一气呵成。传说他描绘壁画中佛头顶上的圆光时，不用尺规，挥笔而成。在龙兴寺作画的时候，观者云集，水泄不通。

吴道子《送子天王图》卷，创作于唐朝，纸本手卷，纵35.5厘米，横338.1厘米。乃吴道子根据佛典《瑞应本起经》绘画。现藏于日本大阪市立美术馆。

《送子天王图》，又名《释迦降生图》，描绘的是释迦降生后，他的父亲净饭王抱着他去拜谒天神的情景。画的前段，描写送子之神及其骑瑞兽向前奔驰的神态，气氛紧张而愉快。端坐的天王，态度雍容自若，流露出因喜事而激奋的心情，同时又带着王者的威严和沉思的神色。两旁文武侍臣以及侍女的表情，也都环绕了这个情节，表露出各不相同的性格和表情动作。大画家吴道子笔下的这些神祇特别生动，达到了"窃眸欲语""转目视人"的感人程度。画的后一段，表现净饭王怀着崇敬的心情，小心翼翼地抱着小儿释迦（即悉达多太子）缓慢而持重地行走着。在净饭王前面有一神怪伏地而拜，显得张皇失措的样子，烘托出这个婴儿具有无上的威严。吴道子对神怪的描绘，也是非同一般的。他借助于神怪本身的生动表情，使画面收到"虬须云鬓，数尺飞动，毛根出肉，力健有余"的效果。总之，对于人物形象的生动刻画，吴道子达到了以前历代画家所不能企及的程度。

《送子天王图》体现了吴道子典型的表现方法。在吴道子之前，表现人物、服饰和道具的线条，基本上是用所谓的"游丝描"和"铁线描"一类。他在学习前辈画家张僧繇的"张家样"、曹仲达的"曹家样"的基础上，推陈出新，创造了线条圆转，衣服宽松，裙带飘举，即"莼菜条"形式。在吴道子笔下形成了一种富有生命、独立自由的表现形式。他用笔起伏变化，状势雄峻而疏放，表现了内在的精神力量，甚至不着色而独立成画，即"白画"或白描。他在创作的时候，处于一种高度兴奋与紧张状态，画道释人物有"吴带当风"之妙，很有表现主义的味道。这些，似乎都透出了后来疏笔水墨画的先声。所以，吴道子所绘的壁画，不像当时一般作品那样绚丽，而是赋彩简淡，轻拂丹青，史称为"吴家样"。

盛唐时期，经济文化十分繁荣，文学、艺术比以往更趋成熟。当时的都城长安（今西安）是全国文化中心，汇集了许多著名的文人和书画家。吴道子经常和这些人在一起，因此他的技艺不断提高。有一次，在洛阳同他的书法老师张旭和舞剑名手裴旻将军相遇，吴道子观看裴旻持剑起舞，左旋右转，神出鬼没，变化万端，很受启发，即兴在天宫寺墙壁上画了一幅壁画，画时笔走如飞，飒飒有声，顷刻而成。随后"草圣"张旭也乘兴写了一壁草书。洛阳观众赞道："一日之中，获观三绝。"吴道子是一位多才多艺的画家，世称"画圣"。无论桥梁、山水、车舆、人物、草木、鸟、器杖、帷幕，无不冠绝于世。其中山水画，早在青年时代即已"自成一家"。吴道子的艺术成就是多方面的，但主要是佛教绘画。他以巨大的热情，一生中创作了300余间壁画，可惜这些壁画未能流传下来。吴道子的卷轴画，传至宋代，有著录的尚有近百件，今亦已荡然无存。我们现在可以看到的，传为吴道子所做的这幅《送子天王图》，可能是宋代临摹本，但依然被历代金石家争相收藏。

张萱《虢国夫人游春图》卷

唐代张萱所作《虢国夫人游春图》，开盛唐"曲眉丰颊"的画风，被誉为"中国十大传世名画"之一。

张萱，生卒年月不详，唐代画家，京兆（今陕西西安）人，活动在开元年间，是中国绘画史上一个具有代表性的画家。他以画宫中仕女见长，鞍马点景无所不能，皆穷其妙。特别是所画仕女，雍容华贵，丰颐厚体的形象，开盛唐"曲眉丰颊"的画风，体现了唐代人物的审美特征。张萱之前，专画妇女的人物画很少见，而像顾恺之《女史箴图》虽涉妇女，但说教意味浓重，张萱则摄取现实生活中真实的妇女进行创作，有一定的进步意义，对后世有很大影响。

张萱《虢国夫人游春图》卷，宋人摹本，绢本设色，纵52厘米，横148厘米。现藏于辽宁省博物馆。

展开《虢国夫人游春图》画卷，一队徐徐行进中的出游人马映入眼帘。一身着男装的仕女手挽缰绳，闲散自在地策马走在最前边。后面相随的两匹骏马上，分别坐着两个侍从，她们一边舞弄着马鞭，一边左顾右盼。疏朗的三骑成为前导，紧接着便是簇拥的五骑，其中前两骑，便是虢国夫人姐妹。她们并辔而行，都乘着浅黄雄健的骅骝。虢国夫人居全画中心位置，她双手握缰，手指间挂着的马鞭直线下垂。

虢国夫人是唐玄宗的宠妃杨玉环的三姐，她生活奢侈、豪华。画家在这方面的表现极为精到：红裙、青袄、白巾、绿鞍，骑鞍上金缕银丝精细的绣织，都显得十分富丽。夫人的体态风姿绰约，雍容华贵，丰润的脸庞上，淡描蛾眉，不施脂粉，保持了本来面目。她的鬓发浓黑如漆，高髻低垂，体态自若。她身着淡青色窄袖上衣，披白色花巾，穿描金团花的胭脂色大裙，裙下微露绣鞋，轻点在金镫上。

在虢国夫人左面与其并辔前行的是韩国夫人，其装束一如虢国夫人，唯衣裙颜色与之不同。最后并列三骑，中间为保姆，一手执缰绳一手搂护着怀中的幼女，神情矜持，眉眼间流露出小心谨慎的表情。保姆右侧为男装仕女，左侧为红衣少女。

作为人物画，此图着力表现的是贵妇们游春时悠闲而略带懒散的欢悦情绪，加之人物所穿的都是轻薄鲜丽的春衫，颇得"绣罗衣裳照暮春"的诗意，所以全图虽不画春的背景环境，但我们仍可从装饰得花团锦簇的行列以及装备华丽的骏马的轻快步伐中感受到春光明媚、鸟语花香的春天气息。画中人物面貌丰润饱满，体态绰约，确有"态浓意远淑且真，肌理细腻骨肉匀"的特点。这些足以看出作者的非凡才能和高超的艺术技巧，也说明了作者对生活的细密观察和创作的严谨态度。

此画在人物造型上和《捣练图》一样，都是鹅蛋形的圆胖脸、小嘴、肥满壮健的身躯，体现了盛唐时期贵族的审美意识。画中的男装妇女形象反映了当时的社会风气，即上层社会的妇女爱着男装、穿"胡服",而且可以参加骑马、打球等活动,图中用线工细、匀整而劲挺。设色典雅富丽并富有装饰性,多用鲜艳的朱红、橘黄、翠绿等明快的色彩,强调画面的华丽丰富,并且注意了色彩的协调,整个画面给人以和谐、活泼的美感。

韩滉《五牛图》卷

韩滉的《五牛图》是"中国十大传世名画"之一,是少数几件唐代传世纸绢画作品真迹,也是现存最古的纸本中国画,堪称"镇国之宝"。

韩滉(公元723—787年),唐代著名画家,字太冲,长安(今陕西西安)人。贞元初,任检校左仆射同中书门下平章事。政治上颇有建树,曾参与平定藩镇叛乱的战争。工书法,颇得张旭笔法精髓,画以南朝宋陆探微为师,擅长人物、风景,画牛、羊、驴等动物尤为出色。所作《五牛图》为传世精品。

韩滉《五牛图》卷,纸本设色,纵20.8厘米,横139.8厘米,现存北京故宫博物院。作者以传神之笔,描绘了五头形态各异的牛,它们或抬头,或回顾,或缓行,或低头吃草,或驻足而叫,从不同角度再现了牛的生活形态和习性。整幅画只有一株小树,并没有其他任何事物陪衬,但是五头牛凭借各自生动的造型,真切的形貌,仍然是一幅具有浓厚写实气息的艺术品。

在艺术表现手法上,画家牢牢掌握了牛这种动物所共有的强健、肥硕、沉稳而性子慢的特征。在笔法上用粗放、凝重而略显滞拙的线条勾画强调牛的形体和筋骨。另外,画家还把牛的眼睛刻画得栩栩如生,从而使五头牛的形象健壮中又不乏神气。画家勾勒牛的线条虽然简洁,但是画出的筋骨转折十分到位,牛口鼻处的绒毛更是细致入微，目光炯炯的眼神体现了牛儿们温顺而又倔强的性格。在鼓励农耕的时代，以牛入画有着特别的含义。

在造型方面，本图已达到了一定的水平，对牛的描绘无论是正面还是侧面，低首还是扬头，比例、透视关系都处理得很好，结构相当准确。通过五头牛各自不同的面貌、姿态，表现了它们不同的性情：活泼的、沉静的、爱喧闹的、胆怯乖僻的。宋代大诗人陆游有感于韩滉《五牛图》所表现的生活气息，常言："每见村童牧牛于风林烟草之间，便觉身在图画"，从而诱发了辞官归于田园的愿望。这虽然是诗人的凭图联想，但也说明了韩滉《五牛图》的艺术感染力之强。

韩滉以淳朴的画风和精湛的艺术技巧，表现了唐代画牛所达到的最高水平。《五牛图》卷更是仅有的唐代传世几件纸绢画作品真迹之一，也是现存最古的纸本中国画，因而受到广泛重视，堪称"镇国之宝"。

周昉《簪花仕女图》卷

> 唐代画家周昉的《簪花仕女图》描述了贵族妇女华丽奢艳的形态以及在庭院中游玩的场景，是"深宫美人百不知，饮酒食肉事游戏"的绝妙写照。

周昉，生卒年月不详，唐代画家，字景玄，又字仲朗，京兆（今陕西西安）人。出身显耀的贵族家庭，先后担任越州、宣州长史。以画闻名于世，尤工仕女图，初学张萱，后来形成自己的画风，作品多描述贵族妇女悠游闲适的日常生活，衣褶劲简，容貌丰肥，色彩柔丽。

中国古代绘画艺术到中晚唐时期又有革新。宗教画迅速解体，人物、牛马、山水、花鸟到此时获得自己独立的地位，这多少也反映出唐人审美趣味的推移。此时的画家倾慕心灵超脱，表现日常恬淡情趣，讲求细腻且含蓄的艺术。仕女画也从一些画家笔端细细描来，形成一股"软性"的情感波澜。周昉的《簪花仕女图》就是其中一例。

周昉《簪花仕女图》卷，唐代作品，绢本设色，纵46厘米，横180厘米，为目前全世界范围内唯一公认的唐代仕女画传世孤本。该画描写的是春末夏初贵族妇女在苑囿中的闲适生活，现藏于辽宁省博物馆。

图卷右起第一个女子身躯丰腴、两腮圆润、衣衫华丽、浓妆艳抹。高耸的发髻上簪以粉红牡丹花，髻前饰有玉簪步摇，几串珍珠流苏好像在窸窣作响；面肌微红，黛色短眉浓淡分明，斜峙在颐额上，眉间还粘贴有金花子；外罩紫色纱衫，里裹红色长裙，绣花帔子从肩后绕搭在前身，右手摆侧，左手漫不经心地拨弄拂尘，逗引小狗做戏，闲适中也流露一点娇懒。

第二个仕女装束略有小异，髻上饰碎花，髻前插有玉簪、珍珠密密匝匝；黄底白花的纱衫、紫色绣花帔子和红底青团花的曳地长裙显示出她高贵得宠的身份；虽然上着抹胸，形体有所收敛，但丰满的肩胛却在薄衫下毕现，神情显得越发懒散了；右臂腕似乎支撑不住小掌，缓缓搭起，纤细的食指和拇指捏提着衣领，颇有轻纱也不胜闷热之感，左手从衫袖中伸出，耷拉而下，说不出是病弱还是无力。

第三位仕女是侍女，她娇小柔细却要扛起长柄团扇随时听候使唤，主仆毕竟有别，没簪花，不饰步摇，浅赭色的素装，唯有那柄团扇上的折枝牡丹的绿叶红瓣显得艳丽诱人。

第四个女子面左而立，右手反掌拈起一枝红花，左手捏着一支金钗欲想拨弄、穿扦，沉湎在这细腻的赏玩中，对身前的丹顶鹤也不屑一顾，发髻上硕大的荷花为她添上一分妖娆，眸子里却好像隐藏着几缕幽思。

第五位是从远处姗姗而来的一位身着朱红披风，外套紫纱衫的闺阁中人，海棠花高插在云髻上，晰白脖颈上的项圈灿灿发光，手不露，脚不出，专一的神采免不了带着一分孤傲，不知是赏花还是闲步。

最后一个女子头顶簪着芍药花，身材高大、端丽，束裙的鸳鸯宽带紧扎在胸下，绣有彩色云鹤的帔子垂落在背；右手指举一只刚刚抓来、正在挣扎的蝴蝶，左手手提携而起，斯文反顾，目光看向她摇尾亲昵的小狗；窈窕的身姿与旁边的玲珑石及盛开的辛夷花相互映衬，为图卷的收尾换来一番情趣。

《簪花仕女图》人物线条简劲圆浑而有力，设色浓艳富贵而不俗。画家通过在手臂上的轻纱敷染淡色，深于露肤而淡于纱，恰到好处地再现了滑如凝脂的肌肤和透明的薄纱，传达出柔和、恬静的美感，六个女子被活脱脱地展示在画卷中。这幅图画是唐代仕女画的标本型作品，代表了唐代现实主义的画作风格。

顾闳中《韩熙载夜宴图》卷

南唐顾闳中受命所画《韩熙载夜宴图》，用笔挺拔劲秀，线条流转自如，被誉为"中国十大传世名画"之一。

顾闳中，生卒年失考，江南人，南唐画院待诏。工人物画，神形俱佳，设色浓丽，用笔圆劲有方。他唯一的传世之作就是《韩熙载夜宴图》，就其艺术性而言堪称中国人物画中的杰作。

《韩熙载夜宴图》卷，五代，纵28.7厘米，横335.5厘米，现藏于北京故宫博物院。《韩熙载夜宴图》为绢本设色，重彩工笔画。它以五个连续的画面描绘了南唐中书侍郎韩熙载家中夜宴的情景。人物姿态各异，形神兼备。

卷中第一部分画的是韩熙载与众人聆听当时教坊副使李嘉明的妹妹弹奏琵琶的情景，在座的男子都是韩的好友和同僚。多须、戴高巾、坐在床上的就是韩熙载。右侧穿红色袍的是状元郎粲，靠近床边坐着的两位是太常博士陈致雍和紫微朱诜。弹琵琶的是李嘉明的妹妹。其左侧躬身而望的便是李嘉明，李嘉明旁的少女是王屋山。其他还有两位官人和韩熙载的侍姬。他们神情专注，有的还在注视演奏者的手法。

第二部分中主人公亲自击鼓，王屋山舞动双臂，轻扭腰肢，按照节拍跳起六幺舞，舞姿婀娜、飘逸，宾客静坐观赏，有人还陶醉在击掌附和之中。唯德明和尚的样子像是在回避。

第三部分中韩熙载坐在榻上洗手，同时与众侍女调笑。侍女们表情轻松自然，有一位还用琵琶遮面，显得分外娇柔。榻边有人拥被而卧，好像在睡觉。

第四部分韩熙载右手持扇子、袒胸露怀，双腿盘坐于椅子上，前后有侍女伺候，他正在欣赏面前五名女子吹笛、箫，李嘉明则在一旁轻击云板。

最末部分，众宾客狂欢之后，陆续辞去，有的勾肩搭背，有的握手道别，还有的依依不舍，而主人则站一旁漠然以视，若有所思。五个小画面间作者巧妙地绘制了幔帐、屏风等陈设来加以分隔。对主人公从不同角度进行刻画，但一看便知就是韩熙载，可见作者对人物观察细致，描绘准确。他的神态总处于压抑与深思之中，与轻佻热烈的环境形成了鲜明的对比，揭示了他矛盾、苦闷的心情。

韩熙载是北方人，因此受到南唐皇帝的猜疑和倾轧，使他的才干无法得以施展，因此朝夕沉湎于声色之中，以表示对权势毫无兴趣。但皇帝仍不放心，于是派作者去韩府，目识心记，把夜宴情景绘图给他看。所以此图还有一定传奇色彩。

关仝《山溪待渡图》卷

> 石体坚凝，杂木丰茂，台阁古雅，人物幽闲者，关氏之风也。
>
> ——郭若虚

关仝（约公元890—960年），仝为"同"字的古字，长安（今陕西西安）人，五代后梁山水画家，荆浩的弟子。画史上荆浩、关仝并称为北派山水画的耆宿。然关仝则在"刻意力学""寝食都废"的基础上，青出于蓝，自成一格。

关仝山水多画黄河中游地区的巍峰林峦，时而也描绘村居野渡、渔市山驿等生活场景，别具情趣。皴法严实而劲健，力现山崖与林木的坚实形质；画树则有枝无干，观后如临绝壁荒林，唯独不见人物，据说他不擅画人物。在五代水墨山水中也算独特一家。郭若虚在《图画见闻志》中把他和李成、范宽，并列为三大山水画家，并赞曰："智妙入神，才高出类，三家鼎峙，百代标程"。

关仝《山溪待渡图》，五代时期作品，绢本设色，纵156.6厘米，横99.6厘米，现藏于北京故宫博物院。《山溪待渡图》是一幅大山堂堂、气势雄伟的全景画。当中主峰耸立，其下分布冈阜、峦岭，磅礴而上，丛木簇聚于山头。主峰右崖间有飞瀑倾泻而下，积流汇成河泊，水波动荡；主峰左侧则一片空旷，远林映蔽，楼观显现；主峰之下为杂树丛林，村居掩映。坡岸小舟半露，对岸有行人策驴而来。这一切，点出了山溪待渡的题意，构成了一个相当完整的北方山水境界。

关仝此画写实性较强，山峦的丰厚、空间的层次和各种树木形态的特征，都真实可感，使人觉得身临其境。笔墨老成持重、景色渲染大气苍浑，很见画家功力。画家对关陕山川的独特感受和个人艺术修养造就了这件优秀画作。宋代金石家郭若虚评价说："石体坚凝，杂木丰茂，台阁古雅，人物幽闲者！关氏之风也"，就是着眼于此图。

在山石皴法上，以钉头笔形参以点子和短线条，硬勾密斫，笔法谨严，中锋和侧锋并用，反复皴擦，最后用淡墨渍染，被形容为"刮铁"式效果，山体凹凸分明，而又和谐统一。如米芾所说"关同粗山"，"工关河之势，峰峦少秀"，这是一种粗壮之美。画中之树多用夹叶、墨树相间的手法，以浓衬淡，层次分明。树木多是有枝无干，笔力劲道。米芾认为这是吸收了唐代毕宏的画法。山头则多以墨点代树，形成杂木丰茂的效果。此画无姓名款识，历代的从钤（qián）印可知它曾被金朝内府和大清皇宫等收藏。

黄筌《写生珍禽图》卷

> 筌作画，不妄下笔，筌资诸家之善而兼有之。花鸟师滕昌佑，鸟雀师刁光胤，山水师李升，鹤师薛稷，龙师孙遇。然其所学，笔意豪赡，脱去格律，过诸公为多。如世称杜子美诗，韩退之文，无一字无来处，所以筌画兼有众体之妙，故前无古人，后无来者，今筌于画得之。
>
> ——《宣和画谱》

黄筌（约公元903—965年），五代时后蜀画家，字要叔，成都（今四川省成都市）人，主要活动在后蜀（公元925—965年）时期。后蜀先主孟知祥即位后，授他为翰林待诏，权翰林图画院事。后蜀后主孟昶时，赐金紫。他在西蜀画院供职达40年之久。

黄筌是中国绘画史上的重要画家之一，他的花鸟画被后人称为"黄家富贵"，对后世有很大影响。古人的审美理想和审美趣味，大致可以分为以皇家及上流社会所喜爱的富贵浓艳和以士大夫及江湖隐逸所喜爱的野逸淡雅两派。黄筌身在宫禁，服务的对象主要是后蜀君臣，加上他自己的审美趣味，使他必然走上以工笔重彩为主的富贵浓艳的道路。

中国工笔花鸟画自唐代边鸾开始，就以下笔轻利、用色鲜明见长。黄筌及其儿子沿着边鸾到刁光胤这条路而创出一种新体即"勾勒花鸟"，并使工笔花鸟画达到成熟。黄筌在表现鸟雀翎毛、昆虫等自然物态的精确性方面已达到妙造自然、形神兼备的地步。《写生珍禽图》是他的代表作。

黄筌《写生珍禽图》，五代作品，绢本设色，长41.4厘米，宽70厘米，现藏北京故宫博物院。虽然这幅画仅是黄筌给儿子做范本用的画稿，但我们从中仍可以看出作者写生技巧的高妙。此图虽只是为了课图作稿之需，在布局上不作推敲，而是信手而画，大小间杂，动物之间互无联系，但作为一件独立的创作作品来看，仍然错落有致，别具一格。

全图共描绘了禽鸟、昆虫等动物24只。有麻雀、山雀、白头翁、画眉、北红尾雉、蜡嘴等鸟，有尖头蚱蜢、蝉、蝗虫、金龟子、蜜蜂、细腰蜂、胡蜂等昆虫，还有两只一大一小的乌龟。每一虫鸟的特征及羽毛鳞甲，都画得准确、工整、细腻，一丝不苟，足见画家深厚的写实功力。

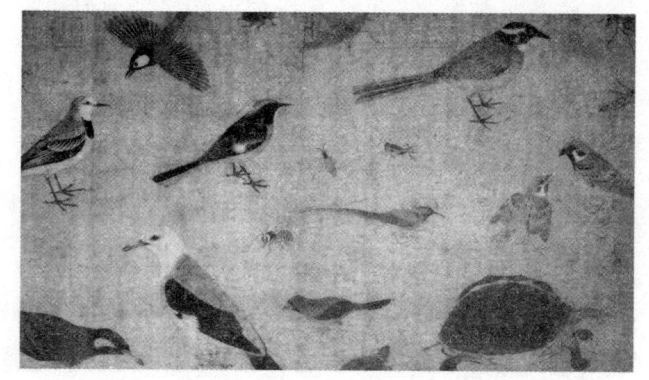

在《写生珍禽图》中，作者所刻画的所有对象极其精细而逼真，每个动物的神态都活灵活现，

富有情趣。比如两只麻雀一老一小，相对而立，雏雀扑翅张口，似乎听到它叽叽的叫声，那种嗷嗷待哺的神情，引人怜爱。老雀则低首而视，默默不语，好像无食可喂，一副无可奈何的模样。下端一只老龟，不紧不慢，一步步向前爬行，两眼注视前方，仿佛不达目的绝不歇息。如果没有深刻入微的生活体验和精湛熟练的艺术技巧，显然是不可能画得这么成功的。

《写生珍禽图》全图采用的是双勾填彩法。用线工整挺秀、生动流畅、柔中带刚，画家追求的不是线的形式变化，而是对质感的表达。羽毛的线细而柔；足爪的线瘦劲有力，皮下似能见骨；蝉翼的线绵而轻，画出了透明感；乌龟壳的线，笔法老硬，富有强度。所有线条，粗看似乎相像，细析则变化万端。色彩雅致、鲜华，轻传淡染，适可而止，一点也不矫揉造作。白鹡鸰的羽毛，用淡淡的蓝灰色，薄薄渲染，留出亮部，把水鸟羽毛具有光泽的特点表达得恰如其分。

张先《十咏图》卷

1995年秋，北京故宫博物院以1800万元竞价购得这件北宋张先绘制的《十咏图》卷，创下了中国画作品的最高拍卖纪录，也是少有的流失文物回归国家的一件盛事，引起了媒体争相报道和社会轰动。

张先（公元990—1078年），字子野，乌程（今浙江吴兴）人，宋仁宗天圣八年（公元1030年）进士，官至都官郎中，北宋著名词人。宋人陈师道著《后山诗话》中说，"张先善著词，有云'云破月来花弄影''帘压卷花影''喧轻絮无影'，世称诵之，号张三影。"张先之名流传于世皆因其善作词，而无论文献记载还是历史流传的张先的绘画作品却仅《十咏图》一卷。

张先《十咏图》卷，北宋作品，绢本淡设色，纵52厘米，宽125.4厘米。

此画原为清宫收藏，末代皇帝溥仪以赏赐溥杰的名义将画盗出宫廷，后携至长春。伪满政权覆灭时，此画被窃，此后50年中不知下落。

1995年，在北京瀚海拍卖公司的拍卖会中此画才再度面世。故宫博物院根据徐邦达、启功、刘九庵等专家的建议，并得到国家文物局的批准，以1 800万元竞价将此画购回，使这件国宝找到了应有的归宿。在当时，国家文物局和故宫博物院用这么多的钱保护一件国宝，有人曾提出质疑。启功先生的回应是："两个字——值得。"可见这是一件多么珍贵的艺术作品。

宋神宗熙宁五年（公元1072年），82岁的张先告退回到家乡吴兴，闲来无事，翻阅其父张维生前诗作，其中有首七律《吴兴太守马大卿会六老于南园人各赋诗》云：

贤侯美化行南国，华发欣欣奉宴娱。
政绩已闻同水薤，恩辉遂喜及桑榆。
休言身外荣名好，但恐人间此会无。
他日定知传好事，丹青宁羡洛中图。

这次文人雅集发生于宋仁宗庆历六年（公元1046年），并有序文一篇，记叙事情本末。张先有感于此诗，出于对父亲的怀念，创作了这幅《十咏图》。

《十咏图》卷的开首部分是吴兴临水而建的南园一角，主体建筑为一座被花草树木环绕的楼阁，旁边配有玲珑的小亭。楼阁内，马太守正陪二老对弈。小亭里，另有二老凭栏赏景，亭外有二老携

063

琴曳杖而来。童仆衙役侍奉左右。庭院中有悠闲的仙鹤和盛开的花卉，表现出一个典型的风流儒雅的文人聚会场面和一种轻松闲适的气氛。

此图将不同内容乃至不同时空的十首诗有机地组合在只有一个视点为中心的画面中，使之成为一个不囿于诗作内容的完整山水画，此种表现手法在当时乃是一种创新。就艺术水平而论，其建设刻画工整精确，树木严谨有法，皴法及布置受到荆浩、关仝为代表北派山水画的影响。人物形态生动传神。《十咏图》反映了北宋前期山水、人物乃至花鸟、楼阁界画的面貌样式。

《十咏图》卷自创作出来后，经历代公私收藏，并经历代著录记载，流传至今，作品上可辨之收藏印达25方，另有5方模糊不清，难以辨认，共计30方。可谓一件难得的年代久远、流传有序的古代绘画作品。其流传过程也是几经周折，几经磨难。

据南宋陈振孙跋中所述"其图为好古博雅君子所得"，可知其在南宋时已从张家流出。南宋周密著《齐东野语》记载"先世旧藏吴兴张氏十咏图"和"余家又偶藏子野诗一帙，名安六集，京旧本也"。可知此画曾流入周家。画上有南宋贾似道的"悦生""秋壑""秋壑玩赏"等印，知其曾为贾氏收藏。元代赵孟頫著《松雪斋集》记载赵孟坚曾见过此图。据颜尧焕跋中述有一施姓苏州人在吴兴做官时将此图买回携至家乡。画中有明初内府"典礼稽察司印"半印，知其曾入明代宫廷。

到了清代，乾隆钦定《石渠宝笈续编》和阮元著《石渠随笔》中将其收入，画面上有17方乾隆和一方嘉庆皇帝的宝玺，还有清朝末代皇帝溥仪的3方印章。伪满政权覆灭时此画被盗，自此便下落不明。直至1995年的拍卖会上才再度面世。这幅《十咏图》卷历经900余年沧桑而完好地保存流传下来，实在是应了"他日定知传好事，丹青宁羡洛中图"的诗句。除了艺术价值外，《十咏图》

卷的文献价值更是弥足珍贵，成为记载当时文化活动及相关历史人物的第一手材料。

范宽《溪山行旅图》卷

> 中国所有之宝，吾所最倾倒者，则为范中立《溪山行旅图》，大气磅礴，沉雄高古，诚辟易万人之作。
>
> ——徐悲鸿

范宽，生年不详，死于公元1031年，北宋前期最有声望和影响的山水画家。陕西华原人，本名中立，字仲立，他性情宽厚，当时人们就叫他"范宽"。因擅画山水，为北宋山水画三大名家之一。

范宽是自荆、关、董、巨、李之后，中国山水画发展史上的又一位大师。初学李成，后感悟"与其师于人者，未若师诸造化"，遂隐居终南山、太华山，对景造意，写山真骨，自成一家。其画峰峦浑厚端庄，气势壮阔伟岸，令人有雄奇险峻之感。用笔强健有力，皴多雨点、豆瓣、钉头，山顶好作密林，常于水边置大石巨岩，屋宇笼染黑色，作雪景亦妙。遗憾的是，《溪山行旅图》是其唯一传世的名迹。

《溪山行旅图》，北宋作品，绢本水墨，纵206.3厘米，横103.3厘米。现藏于台湾故宫博物院。打开画卷，磊磊大山扑面而来，徐悲鸿曾说："中国所有之宝，吾所最倾倒者，则为范中立《溪山行旅图》，大气磅礴，沉雄高古，诚辟易万人之作。此幅既系巨帧，而一山头，几占全幅面积三分之二，章法突兀，使人咋舌。"

山上树木葱郁，山间飞瀑倾泻，庙宇、旅人隐约而现，整个画面层次丰富，墨色浑厚，极富美感。画法上，范宽用雨点皴表现山石的肌理效果，用短条子或点子皴描绘山势的繁复，古人评范宽的

这种绘画技法为"抢"，北宋郭若虚称之为"抢笔俱均"，明董其昌评此画为"宋画第一"。

台北故宫书画共5 242件，仅宋画就943件。宋元山水是台北故宫的极品，这其中最为出名的就是李唐的《万壑松风图》、郭熙的《早春图》和范宽的《溪山行旅图》。在台北故宫十大文物的评选中，山水画的代表，便是这三幅宋画精品。

北宋初期范宽的《溪山行旅图》与北宋中期郭熙的《早春图》、北宋晚期李唐的《万壑松风图》，这三张宋代的名画，一同被视为现在全世界研究中国美术史的重要作品，它们成为书画史的断代。这3幅画上都署有作者的名款。宋以前，画师均不在自己的画上题款。《溪山行旅图》将"范宽"两字写在草丛间，直至20世纪才被人用放大镜发现；《万壑松风图》将款落在石柱内，常被人误以为皴笔。不知为何，作者似乎并不愿意让观者对自己的名款一目了然。虽然三画的名款在画中隐藏极深，但这仍是中国绘画史上汉字进入画面的开始，从这时开始，中国书法进入绘画领域，共同谱写出书画相得益彰、互为映衬的中国书画史。

宋元两代，大师级的画家都以范宽的绘画为典范。南宋初期的李唐，稍后一些的马远、夏圭，元代的倪云林、王蒙，都对范宽的画风大加赞赏。人们往往喜欢用"范宽之画，远望不离座外"来形容对中国山水画的神异的表现力。这句话也形象生动地概括了画家范宽的艺术风貌以及他对中国山水画的贡献。

董源《潇湘图》卷

> 其用笔甚草草，近视之几不类物象，远观则景物粲然。
> ——《梦溪笔谈》评论董源《潇湘图》

董源生年不详，死于公元962年，字叔达，江南钟陵（今江西进贤）人，五代南唐中主李璟时任北苑副使，故人称"董北苑"。董源具有多方面的绘画才能，不仅善写山水，还兼工画龙、牛及钟馗。

董源的画法与当时名家荆浩、关仝等高山巨嶂的风格决然不同。他的画中风雨溪谷、峰峦晦明皆出胸臆，从不虚加装饰。米芾评价他的画说："平淡天真，唐无此品。"他的风格对以后的文人画家影响很大，在中国美术史上占有极高的地位。

董源以山水画成就最高。他擅画景色富丽的着色山水，画风宛如唐李思训，下笔雄伟。《宣和画谱》赞曰："崭绝峥嵘之势，重峦绝壁，使人观而壮之"，可惜这类作品没有流传下来。而真正能代表他本色的，正是画风近似唐代王维的水墨或以水墨为主、着色清淡一体，多描绘平淡幽深的江南景色的山水画。《潇湘图》可代表他的这一画风。

董源《潇湘图》，五代，绢本设色，纵50厘米，横141厘米，现藏于北京故宫博物院。《潇湘图》画面展现了江南平稳连绵、草木蒙茸的山峦，洲渚迂回，阳光和煦。画卷的始端为一沙地平坡，岸边站有几个人，其中两个身穿红衣的女子拱手而立，她们似在迎接贵客的来到。滩头还有五个男子正在击鼓奏乐。

画卷的中部是一片开阔水面，几条小船在划动，右面的一条船缓缓驶向滩头，一人站立撑篙，一人在船尾摇橹，三个仆人模样的人手持伞盖侍立船中，伞盖下端坐着一个红衣人，好像准备与岸边的人会合。另外几只小舟向远方驶去，水中有片沙洲，上面杂乱地长着一片芦苇，充满野趣。山坡下的岸边十几名渔人正在拉网捕鱼，他们有的站在岸边，有的赤足涉入水中。这些渔舟和渔人点缀在宁静的景色里，洋溢着恬淡的生活气息。

画面上部由右至左丘陵起伏渐耸，山间林木繁茂葱茏，雾霭蒙蒙，山脚伸向水边形成沙碛平洲，中部一条水湾浸入山中，将山水紧密地融合在一起。此图山峦采用"点子皴"和短"披麻皴"画法，疏密相间，苍茫浑厚。画以平远取势构图，没有高耸突兀的奇山，也没有飞流直泻的流泉，只有"大江叠巘，深林稠木"，显出秀美的抒情意境。点景人物工细设色，虽小而逼真，山光水色与人物活动互相映衬，富有浓郁的生活气息。

李唐《采薇图》卷

　　至人物神情之华贵、高妙，足与米兰藏达芬奇之耶稣，与门兴藏丢勒之使徒同为绘画上的极峰。

——徐悲鸿

李唐（公元1066—1150年），字晞古，河阳（今河南孟州）人。北宋末为翰林待诏，画院专职画师。他对山水、人物、林木、竹石、禽兽等，几乎无一不工，其中造诣最深的是山水画，其次是人物画，此外画牛也很出名。

据说，南宋画家萧照早先是太行山一带的强盗。有一天，他抢劫了一位行人，检其行囊，尽是粉彩画笔，一问才知道原来他就是自己很欣赏的画家李唐。萧照于是离开群盗，随李唐南渡，经其细心传授，萧照居然也成了画家。北宋亡后，李唐辗转来到南宋都城临安（今浙江杭州），年已八旬，后被太尉邵宏渊举荐，又重进画院，"奉旨授成忠郎、画院待诏，赐金带"。

李唐山水画风格的发展，可分为两个阶段，北宋宫廷中所画与南迁后的画风大相径庭，这与南北审美趣味的不同以及李唐生活的变化有关。起初李唐山水师荆浩、范宽的风骨，作品浑雄坚实、刻画繁复、细致精到。据记载：李唐初到临安，生活拮据，靠卖画维持生活。而他细密严谨的画风，不为南方人所喜爱，这使他处境十分艰难。当时他写诗自嘲道：雪里烟树雨里滩，看之容易作之难，早知不入时人眼，多买胭脂画牡丹。

年逾古稀的李唐不屈于生活的窘迫，将自己切身投入江南美景之中，不断地习作钻研，终于以一种新的面貌出现。这时的李唐，笔下山水去掉了繁琐复杂的皴法，以水墨淋漓一挥而就的"大斧劈皴"，表现岩石雄壮坚实的形质，气势磅礴、豪放，开创了一代山水画风，为以后众多画家所效仿。他与刘松年、马远、夏圭并称"南宋四大家"。

南宋王朝苟安于半壁，无意恢复中原，当时朝中"北伐"与"偏安"两派斗争，民族、党派矛盾十分激烈。这种情势也反映到绘画中来，画家们以画笔借古喻今，寄托情感。李唐南下临安之后，情致盎然，老当益壮，画了一批历史画作品，如《晋文公复国图》《文姬归汉》等，《采薇图》也是其中一件。

李唐《采薇图》卷，南宋作品，绢本设色，纵27.2厘米，横90.5厘米，现藏于北京故宫博物院。此图以采薇小憩中二人谈话的瞬间入画：伯夷抱膝正坐，双眉紧皱，目光坚定，神态刚毅中略带忧愤之色。叔齐一手撑地，侧身与之交谈，似在安慰兄长。二人的神情、动态十分准确生动，人物性格刻画细腻、精微，表现了一种不屈不挠、刚直不阿的气概。徐悲鸿在《采薇图画册》中曾赞道："至人物神情之华贵、高妙，是与米兰藏达芬奇之耶稣，与门兴藏丢勒之使徒同为绘画上的极峰。"

作品的内容取材于《史记·列传》中商朝贵族伯夷、叔齐兄弟的故事。公元前11世纪，周武王灭了殷商，伯夷、叔齐誓死不食周粟，逃到镐京郊外首阳山上采薇度日，以示效忠于商。周武王多次派人招纳，均不见成效，一气之下周武王传出话说："首阳山是周的疆土，那薇也是周的。"于是兄弟俩绝食而死，此图描绘的正是伯夷、叔齐采薇时在林间纳凉的情景。在外强不断入侵的宋代，这个题材有其特殊的意义，它曲折地表达了李唐反对民族投降主义的立场，颂扬了民族气节。

作品用笔精练而又富于变化。为了表现衣服的麻布质感，用笔简劲锐利，线条挺拔，轻重顿挫似有节奏，墨法枯润适中。肌肉部分用线较为柔和，须眉笔法精细且多变化，使须眉显得蓬松。从用笔可以清楚地看出李唐对李公麟白描技法的继承和发展。背景部分用笔豪放粗简，树干和近处的夹笔树叶行笔线条粗壮，苍松主干两边用浓墨侧锋，暗部浓墨细笔勾出松鳞，充分表现老松厚重的量感和体积。

松针用笔泼辣，挺健，双钩勾出藤条的浑厚朴拙。柏叶点染细密而富浓淡变化。山石用极豪迈的大斧劈皴，以各种不同深浅、枯润的墨色有力涂抹，表现了山石奇峭的风骨和坚硬的质感。树丛中远去的河流轻毫淡墨，近处的山石焦墨浓厚，丰富了画面的空间感。远景的平原和河流辽阔苍茫，近景的树木和岩石层次分明。

李唐《万壑松风图》卷

《万壑松风图》作于宣和六年，因其独特的画风，被誉为"好大气势的山，好大气势的人"。

宋徽宗政和年间画院考试，题目为"竹锁桥边卖酒家"，众画工都画酒店茅屋，独李唐仅在竹林边挑一酒帘。徽宗御判以第一名将他补入画院。

李唐与刘松年、夏圭、马远并称南宋四大画家。这幅《万壑松风图》是李唐的代表作之一。

李唐《万壑松风图》卷，宋代作品，绢本水墨淡设色，纵188.7厘米，横139.8厘米。在画面右侧小峰里有"皇朱宣和甲辰春河阳李唐笔"12字隶书，由此可知这是宣和六年（公元1124年）的作品。现藏于台湾故宫博物院。

此画题目，有一种天风海雨逼人之势。画面上重山叠岩，冈峦郁盘，峭壁如削，气势夺人。从山谷至山巅，长松苍翠，透迤万重，飞瀑轰鸣，溪流欢唱，风起云腾，松涛阵阵，好一首深谷松风交响曲。

为突出"万壑松风"的主题，山顶山腰密植松林。远松依山附势，近处两侧山坡上的松树则摇曳多姿，与山谷中主松林形成呼应。山中古松分组排列，苍劲而厚重。树根裸露于外，树干虬曲挺劲。画家先用重墨线勾其轮廓，再以半圈式鱼鳞皴表现其纹理质地并分出明暗。松针则全以线条勾出，重重叠叠，墨色浓重，而密丛中又通过树干、飞瀑、疏枝透出点点亮色，丰富了画面层次，调节了画面节奏。紧贴在山谷松林上的主峰将近景的平视角度和中景的仰视角度连成一气，有范宽式的真山逼人之势。

构图则双峰交映，一欹一正，雄壮敦厚。为突出中部松林，有意将山景淡化，可见作者对画面节奏的把握。近处山峰作斜势，明显可见斧劈皴的痕迹。远处山峰直立，无论轮廓还是皴笔都较前山更淡，以拉开距离。为表现山石风化剥落，李唐用上了他首创的"马牙皴"，从而显出山势的雄峻。主峰两侧又置尖峭侧峰，以淡墨线勾其外形，用深浅不同的墨色加以渲染，有时也略施皴染，外浓内淡，根部虚化融入云雾中。虚与实、弱与强、远与近、竖与横，对比衬托的同时还推远了主峰，给了主峰以参照系，使我们不感到这突兀的大山失去其空间位置。

古人云："出水口最难。"此图出水口生动之极，堪作后世摹本。在画上两道瀑布一左一右，从绝壁间冲下来，汇成溪流，汩汩而出，与石相击，喷珠溅玉。其奔突状，其激射状，其盘旋状，其倾泻状，均以线条勾出。水势随石势，自然流畅，如闻其声。水的奔流增添了画面的动感，使整幅画都有了生气。古人画山水讲究"可游""可居"，这幅画却没有像别的山水画那样作点景人物或亭台楼阁，不过在图的右下角有一路口通向山中，自然妥帖而又惹人遐想。

此图一望就感觉其北方山水画派的气息，但已可见变革的痕迹。李唐将范宽的钉头皴扩大，化竖为横，顿处着力，前重后轻，前实后虚，演变成斧劈皴，有力地表现了山石凹凸坚硬的质感，不再是范宽"土石不分"的混沌局面。构图上更洗练，舍弃了与主题无直接关联的自然现象，舍弃了可有可无的细节，使得主题的表现更为有力，更强调表现艺术的真实。

张择端《清明上河图》卷

张择端的《清明上河图》生动地记录了中国十二世纪城市生活的面貌，被誉为"中国十大传世名画"之一。

在中国历史上，城市的兴起和发展是中华民族经济和文化发达的象征。汴京，是当时黄河流域上的一个繁华都市，历史的盛况和文明都被一位当时并不出名的画家记录在了他的作品里，他就是张择端。

张择端，生卒年月不详，字正道，东武（今山东诸城）人，自幼在汴京读书，后习绘画，在北宋宣和年间为翰林画院待诏。他善画舟船车桥，街市城郭。他的这幅写实性巨作《清明上河图》记录了当时宋朝国都汴京的盛况，为我们留下了珍贵的文化遗产。

张择端《清明上河图》卷，北宋时期作品，纵 24.8 厘米，横 528.7 厘米，绢本设色，现藏于北京故宫博物院。《清明上河图》描绘了北宋都城汴京（今河南开封）的繁荣景象，以及汴河两岸的风光，描绘各种人物 500 多人；驴、马、牛、猪、骡、骆驼各类牲畜五六十头；各种车、轿 20 有余；大小漕运舟船 20 多只；楼台、农舍、店铺 30 余栋；还有"漕引江湖、利尽南海"的航运干线——汴河，展现了当时各阶层人物的生活状况和社会风貌。这幅画是当今学者研究宋史及民俗等诸多学科的重要参考资料，从绘画角度讲更是古代作品中的精华。

画面从汴京城郊外写起，房舍、柳树和驮物的驴骡散布在田地间。接近内城的地方，商贾行人逐渐增多，大道旁店铺、客栈也多起来，房舍青瓦盖顶也显得越发齐整。汴河由此斜插画中，河上货船十余艘，有的刚泊进岸边，有的正在装卸货物，一艘大船满载货物，由远处五个纤夫奋力拉着，逆水向前，还有一艘由船工摇橹缓行。河上有一座木结构桥。小摊贩密排在桥的两侧，桥下正在通过一艘载客船。

过了桥，市井更为繁华。大伞和席棚下有各种小商贩，人流如潮，周嗣房屋也更拥挤，车马行人摩肩接踵，酒楼店铺百肆杂陈。往前走，十字街口人流穿梭，络绎不绝，一座房檐上写着"赵太丞家"，有人在求医问药。旁边立着八棵柳树，这是画卷的尾声。

在绘制此图时作者运用了鸟瞰的手法，摄取了城郊至中心绵延几十里的景色，把僻静的乡野与繁华的闹市，楼桥城舍与人流涌动，交织在一起，十分和谐。赶集的、贩卖的、饮酒的、问卦的、骑驴的、乘轿的、求药的、闲谈的、打盹的，还有推车拉舟、探亲上坟、说书杂耍、井边汲水等，充满着生活情趣和健康活跃的生命力。这幅画人物之多，场景之大堪称古代大型风俗画之首。

该画作为历史材料，12 世纪中国的农业、手工业、交通运输、商业贸易、建筑修造以及世俗生活、人事活动、文化状貌都可以在这幅长卷里找到具体形象。

作为艺术作品，它场面十分宏阔、内容异常丰富、表现技巧纯熟完美，代表着中国古代风俗画的最高成就，浓缩着北宋时期市民艺术的审美趣味和审美理想，是中国古代绘画史上的杰作。

赵佶《芙蓉锦鸡图》卷

《芙蓉锦鸡图》画内印有"万历之宝""乾隆御览之宝""嘉庆御览之宝""宣统御览之宝"等，可见此画是宋以后历代皇室的典藏重宝。

赵佶（公元1082—1135年），即宋徽宗，是一个不合格的皇帝，过分追求奢侈的生活。在他当皇帝的25年间，正是北宋封建王朝日益走向衰落的时期。他任用蔡京、童贯、李邦彦等奸臣主持朝政。对外屈辱苟安，把人民生活和国家存亡置之度外。对内则横征暴敛，为了自己取乐享受，设立"花石纲"，在全国范围内搜求奇花、怪石、珍禽、异鸟，以供玩赏，最后弄到国破身亡的地步。公元1127年汴京陷落，赵佶和儿子钦宗赵桓，以及后妃、宗族亲属等3 000多人，都做了俘虏，8年后死于被囚禁的地"五国城"（今黑龙江依兰）。

另一方面，赵佶酷爱艺术，是一个在诗、书、画等方面都有所建树的艺术家。他在位时大力提倡建立画院，十分重视搜罗绘画人才，经常过问画院的创作，并亲临指导。他要求画家要师法自然，把握对象的"情态形色"，注重"法度""形似"。据记载，他曾要求画家画花卉时，要画出花卉在不同季节、不同时间的特定神态。

有一次他令画家写生孔雀升墩，结果没有一幅使他满意。大家茫然不知原因。赵佶指出，孔雀升墩必先举左脚，而大家画的却是先举右脚。他比较注重写生，讲究画理法度，他曾描绘过20种鹤的不同姿态与各种奇花异鸟。由于赵佶对绘画的爱好和提倡，在一定程度上促进了院体画的发展。传世的赵佶的作品可分为两种风格，一种为华富细腻的"皇家风范"，另一种是拙朴的水墨画风。

赵佶《芙蓉锦鸡图》卷，北宋作品，绢本设色，纵81.5厘米，横53.6厘米。现藏于北京故宫博物院。这幅画是当时院体画艺术风格的代表作。画中描绘了一只绚丽丰润的锦鸡，停立在芙蓉枝干上，回首注视着翩飞的双蝶，表现出跃跃欲试的神态。锦鸡的华丽羽毛，漂亮的长尾，刻画得十分精细，体现了珍禽的特征。画面上的那枝芙蓉花微微弯垂，增添了花枝的柔美感。锦鸡注视蝴蝶的神态，芙蓉花的摇曳，使花、鸟、蝶三者融为一体，相映成趣，产生了美丽动人的艺术效果。

全图设色艳丽，芙蓉的花朵，双钩工整，色泽鲜艳，渲染精妙。左下角那丛萧疏的秋菊，也被描绘得十分细腻。时虽秋天，但都显示着生命的活力，可以说是一幅形神兼备的佳作。这幅画的色彩至今仍丝毫不减当年，据说赵佶作画喜欢用珍珠粉和生漆等着色，画鸟雀常用生漆点睛，使眼珠像小豆般凸出在纸绢上，格外生动。画上题有五言绝句一首，右下角题有"宣和殿御制并书"及其"天下一人"4字化押，画上的题字是赵佶的瘦金书体。

梁楷《泼墨仙人图》轴

画法始从梁楷变，观图犹喜墨如新；古来人物为高品，满眼烟云笔底春。

——汪珂玉

梁楷，生卒年月不详，东平（今属山东）人，居钱塘（今浙江杭州）。南宋宁宗嘉泰年间为画院待诏，因为狂放不羁，受不了皇家画院的约束，将皇帝所赐金带挂于院内不辞而别，人称"梁疯子"。

梁楷的绘画内容除人物外，山水、鬼神、道释也很出色，但以人物最著名，代表作为《泼墨仙人图》。他的笔法分为精工细描的减笔和粗犷豪放的泼墨两类，以减笔成就最高。当时画院画家"见其精妙之笔，无不敬服"。明代汪珂玉《珊瑚网》赞曰："画法始从梁楷变，观图犹喜墨如新；古来人物为高品，满眼烟云笔底春。"道出了他绘画的风格和卓越成就。

梁楷《泼墨仙人图》，南宋作品，纵48.7厘米，横27.7厘米，现藏于台北故宫博物院。

《泼墨仙人图》是一幅纸本减笔泼墨人物画，是《名画琳琅》册中的一帧。所谓"减笔"，就是以极其简括的笔墨，扼要地表现出对象的神态情状，是一种纵逸豪放的写意手法。这幅图中描绘的是一位神情懒散、不屑凡俗的仙人。他身上的衣服用干湿、浓淡不同的墨色绘成，仿佛衲衣随意披在身上，裤子墨色较淡，松垮宽大，脚的部分浅淡近呈白色，使仙人如在云雾之中，蹒跚而行。仅此几笔便把仙人的狂放不羁，不拘小节，笑傲俗世的性格刻画了出来。仙人似袒胸露腹，头微下低，光光的头顶，发际线隐约可辨。

最有趣的是作者将仙人的眉、眼、口、鼻压缩在脸的下部，夸张的前额向前突出，两道细眉和一双小眼相距很远，鼻、嘴用一长一短两条墨线写成，烂醉如泥，憨态可掬。把仙人"大道若虚，大智若愚"的形象，惟妙惟肖地描绘了出来，真是神来之笔。

全图除五官和胸部用细线勾勒外，其余皆采用笔势粗犷、水墨淋漓的泼墨手法，很好地表现了"醉仙"不同凡俗、清高超脱的精神境界和性格特征。

郑思肖《墨兰图》卷

> 秋风兰蕙化为茅，南国凄凉气已消。只有所南心不改，泪泉和墨写离骚。
>
> ——元代画家倪云林

兰花有香祖、王者之香、天下第一香、香草等别称，一直是文人雅士制作画赋诗的对象。著名爱国诗人屈原对兰的孤高清逸十分喜爱，并以兰自比，不断吟咏。兰还以其清雅超逸备受历代绘画大师的青睐，历代留下不少大师们绘制的兰花珍品。

郑思肖（公元 1241—1318 年），字忆翁，号所南，连江（今属福建）人，曾以太学生应博学鸿词试，授和靖书院山水。南宋蒙古南侵时曾向皇帝献策抵抗，但未被采纳。南宋灭亡后，隐居平江将居室命名为"本穴世界"（"本穴"由"大宋"二字拆拼而成），并一直以激烈的言辞反抗元朝。诗文作品有《所南诗文集》和《心史》。

郑思肖善画兰竹，尤精墨兰。他将自己刚烈的性格和民族气节完全融入兰的花影叶丛中，充分表现了他的高洁品操和对故国之情思。这幅兰花画兰而不画上根，寓意国土被异族践踏，兰花不愿生长其上。后代文徵明、陆治、陈元素、石涛、八大山人、郑燮等人从他的兰花中吸取了不少艺术营养。

郑思肖《墨兰图》卷，元代作品，纸本水墨，纵 25.4 厘米，横 94.5 厘米，现藏于日本大阪市立美术馆。作者以简洁的笔法在画面中绘出了一丛兰花，叶子左右排列，或平展，或俊秀，疏而不散，洒脱自然。正中一枝墨兰正开放，端庄秀丽，一股清香满纸浮动。

画上作者自题诗："向来俯首问羲皇，汝是何人到此乡。未有画前开鼻孔，满天浮动古馨香。"字迹笔锋苍劲有力，仿佛能感受到作者的铮铮傲骨。兰花无土无根，乃郑思肖一贯风格特点，寓意故国山河土地已沦丧于异族，无从扎根。

画面构图极其简洁，诗韵浓郁。《墨兰图》卷是郑思肖留下的唯一传世作品，也是反映他创作思想和艺术造诣的代表作。画幅左侧落款为"丙午正月十五日作此一卷"并有"所南翁"印章一方。画面上还印有历代鉴赏家和风雅帝王的篆章，可见这幅图卷的千古魅力。

郑思肖在元代画坛上占据着不可代替的位置，对后世有着深远的影响。元代大画家倪云林（倪瓒）在《清閟阁集》卷八《题郑所南兰》中评说："秋风兰蕙化为茅，南国凄凉气已消。只有所南心不改，泪泉和墨写离骚。"

倪瓒《渔庄秋霁图》卷

江城风雨歇，笔研晚生凉。囊赭未埋没，悲歌何慨慷。
秋山翠冉冉，湖水玉汪汪。珍重张高士，闲披对石床。

——倪瓒

倪瓒（公元 1301—1374 年），元代画家、诗人，字元镇，号云林子、荆蛮民、幻霞子，也题有懒瓒、东海瓒等称谓，江苏无锡人。他出身豪富，青壮年时过着读书作画的风雅名士的生活，自筑"清阁"，尽藏书画文物。据说他的馆阁四周，遍植花木，蔚然深秀，如云林一样，这便是他自号"云林子"或"云林生"的来由。倪瓒因画山水而卓著，与同时代的山水画大师黄公望、王蒙、吴镇并称为"元四家"。

倪瓒当时被视为高士，传说吴王张士诚之弟张士信请他作画，送了很多金钱给他，倪瓒大怒，撕绢退钱。不料一日后游太湖，正遇上张士信，倪瓒被痛打了一顿。倪瓒当时却未出声，事后别人问及，他答道："一出声便俗。"

元末社会动荡，倪瓒思想日趋消极，便变卖田庐，携家人往来于太湖、泖湖一带，或住寺庙，或宿舟船，过着漂泊生活。为了能于乱世中超脱，他曾研求佛学，焚香参禅，又入玄文馆学道。最后回到故里，病卒于友人家中。

倪瓒《渔庄秋霁图》卷，元代作品，纸本水墨，纵96厘米，横47厘米，现藏于上海博物馆。《渔庄秋霁图》为倪画中常见的平远三段式构图，近景坡石，挺立着几棵枝丫疏朗的枯木，把中间一大片留白作为水面，把远山遥岑提到了画幅最上端，使画面具有了辽阔旷远的特殊艺术效果，给人一种荒冷萧疏之感。

根据画上的题记，可知此图为作者55岁时所作，描绘的是太湖一带王云浦渔庄的深秋景色。太湖四周和湖内多山，大多是不高的丘，平坡一抹，景色清远秀丽。倪瓒的这一幅画作，在一定程度上表现了太湖恬静幽雅的环境，同时也寄托了自己孤寂黯然的心情。

画上的题诗乃倪瓒18年后所加，诗云："江城风雨歇，笔研晚生凉。囊赭未埋没，悲歌何慨慷。秋山翠冉冉，湖水玉汪汪。珍重张高士，闲披对石床。"诗、画结合，抒写了他抑郁悲凉的心境。此图章法极简，笔墨无多，即"疏而不简""简而不少"，构成了一个清空明洁、纤尘不染的世界，再现了画家追求的"净心"意境。

这幅图用笔利落精到，颇见功力。坡石以侧锋干笔皴擦，折带皴、披麻皴兼用，皴法隽爽，极有质感；对于描画树干枝叶，兼用干湿水墨，简淡率略的笔墨，显得厚重，没有纤弱与单薄之感，使人感到爽朗、秀峭，为一般画家所不及。

倪瓒的水墨山水画，师法前代画家董源、关仝、李成，其中赵孟頫、黄公望的画风对他也有一定影响，但是他又能摆脱窠臼，自辟蹊径，形成了独到的画风。他提出的"逸笔草草，不求形似""聊写胸中逸气"的主张，对明清文人画影响很大。这幅《渔庄秋霁图》也被后世推崇备至，是元代绘画中的精品。

倪瓒晚年所画山水多为旷远萧疏之景，往往是有竹树、孤亭，坡岸上面是一大片余白。整个画幅，水上无舟，亭中无人，表现出一种清空寂静的境界。画上多题诗，且多长篇，以抒写胸怀。"元四家"中，倪瓒与王蒙的笔墨风格截然不同，倪是疏，王是密，倪以萧疏见长，王以茂密取胜，这两种画法都对后世影响甚大。但在士大夫的心目中，倪瓒的地位较高。他的作品，流传到明代，竟使"江南人家以有无为清浊"。其影响之大超过了其他三家。

吴镇《渔父图》卷

西风潇潇下木叶，江山青山愁万叠。常年悠悠乐竿线，蓑笠几番风雨歇。

——吴镇

吴镇（公元1280—1354年），字仲圭，号梅花道人，又称梅花和尚、梅沙弥等，浙江嘉兴魏塘镇（今嘉善）人。他性情孤僻，因对元王朝的统治不满，隐居乡里，饱读诗书。曾居杭州西湖孤山20年，清贫终身，晚年事佛。他在题一幅墨竹图中写道："斫头不屈，强项风雪"，曲折隐晦地抒发了心头的愤懑之情。

吴镇钟爱梅花，并在家宅四周，遍植梅树，这与宋代有"梅妻鹤子"之称的林逋有一样的志趣。吴镇工草书，能诗，长于水墨山水，兼作墨竹。他的水墨山水出自董源、巨然一体，并吸取李成、郭熙的画法，融合创造，形成自己的独特风格。

在他的山水画作品中表现最多的是隐逸之情，其代表作《渔父图》就以江汀渔情为主色调，再配上行草书写的诗词，充分体现了他直接相交于大自然和隐遁遁世的人生感悟。

吴镇《渔父图》，元代作品，绢本水墨，纵84.7厘米，横

29.7厘米，现藏于北京故宫博物院。《渔父图》中，一人戴斗笠乘舟垂钓，芦苇点缀着近处的沙汀，一派萧疏。一条小溪穿越丘陵潺潺流过，坡上几棵大树傲然而立，浑朴肃穆的山峦静卧于画幅上端。对岸远岫，烟树迷蒙，山环水曲，层层笼罩在云气苍茫之中，溪山被有意识地推得宽阔而深远。

以秃笔中锋横勒沙际水纹，与渔父款款归棹遥相呼应。除了落英缤纷、溪流潺潺，四野明静而幽寂，写尽了湖山清旷、天地静穆的意境。这些经画家心灵过滤后的山石草木，是吴镇灵魂的写照和独白。

图上自题诗词一首云："目断烟波青有无，霜凋枫叶锦模糊，千尺浪，正思鲈，诗筒相对酒葫芦。"借用"西晋张翰（字季鹰），在洛阳为官，见秋风起，因思吴中菰菜羹、鲈鱼脍，遂弃官南归"的典故，寄托了作者不爱慕名利，钟情于江湖田园，甘于贫贱自守的高洁思想。落款是"至元二年（1336年）秋八月，梅花道人戏作渔父四幅并题"。按落款可推算出这时的吴镇应是57岁，共创作了四幅相同题材的画，应属"四联画"。

吴镇画作多为天空水阔，云山缥缈，林木扶疏，只放寥寥扁舟于画中，然而表现出来的意象却是不尽相同。在画上，随意点染，意境或开阔，或幽深，多有变化，既画了"放歌荡漾芦花风"，又描绘出"一叶随风万里身"。

画中山石多用长披麻皴，干笔皴擦，山头湿笔点苔，秃笔中锋勾勒树石，笔墨淋漓淳厚。虽从宋代巨然的画法变化而来，但已明显不同于巨然"淡墨轻岚"的风格。他的这种画风，在这幅《渔父图》中得到了明显体现。

此画代表了吴镇晚年幽远闲放，别具浑朴苍郁之气的风格。沉郁而极富润湿的水气，笔力苍劲，墨气沉厚，在用墨方法上有独到的成就。"元四家"中的黄（公望）、倪（瓒）、王（蒙）三家都擅长用淡干墨皴擦，用笔偏于松秀。吴镇却善于带湿点苔，参以秃笔干墨皴擦，苍润沉郁，别具一格。

黄公望《富春山居图》卷

　　《富春山居图》，以浙江富春江为背景，全图用墨淡雅，山和水的布置疏密得当，被称为"中国十大传世名画"之一。

　　山水画家常常既要使作品的形象历历在目，又要在意境上回味无穷，这在艺术创作上很难做到，元代黄公望的绘画成就恰恰表现在他具有这种形意兼备的卓越能力，《富春山居图》则是他晚年艺术才华的极致。

　　黄公望（公元1269—1355年），字子久，号一峰、大痴道人，江苏常熟人。早年曾出任"浙西宪吏"，在京师时，备受权豪倾轧，以至下狱，出狱后便心系山林，浪迹于江浙一带，是一个全真教教徒。50岁时，他开始悉心于山水画创作，元至正七年（公元1347年），黄公望年近80，寓居在富春江边，朝饮霞露，夕食烟霭，开始了《富春山居图》的创作活动。他平时"皮袋中置描笔在内，或于妙景处，见树有怪异，便当模写记之……"（黄公望：《写山水诀》）深深领略了江山钓滩之胜。这个时期的黄公望性情愈加通脱放达、对于山川已进入"得之于心，而形于画"的创作阶段。据清初王原祁《麓台题画稿》说，此画共作了7年，也就是黄公望在公元1350年题写了自识后的第四年（公元1354年）才完成，次年便去世了，该图是他的绝笔之作。

　　黄公望《富春山居图》卷，元代作品，为纸本，纵13厘米，横639.9厘米。

　　富春江位于浙江省境内偏西北处，南起建德梅城，北止萧山闻家堰，在群山脚下蜿蜒穿行近200里。中国山水画家并不像西洋风景画家那样，在焦点述说的规矩尺度中客观地再现自然世界前、中、后空间的纵深景象，而是主动地搜寻自然山川的精华，聚之于一图。尤其在长卷上，以江河为中心，横向展开，以散点透视表现山川丘壑右、中、左的横向空间联系，存有限的画面上"竖划三寸，当千仞之高；横墨数尺，体百里之迥。"（宗炳《画山水序》），欣赏者面对画卷，目随景移，景随人迁。黄公望笔下的百里富春山，并不去罗列两岸历代的名胜古迹，而是写出空灵萧散的意境和晶莹剔透的无瑕世界，以外在静息的状态呈现出山川内在律动的生命，也是画家精神生命的外化，他对山川的深厚感情在山水画史上已成为美谈。

作品的整个构图，诸景物的排列富有节奏感，松、紧相连，一环扣一环，或重山复岭、环抱屏嶂，或平沙浅滩、疏松清远，变幻十分丰富。作者在为山川传神时，并未脱离山川的形质，他对那里的地貌特点体察入微，客观地表现了富春江的以山为主，以松、杉为主要植被的特性，画中的平坡、亭台、村舍、舟桥、渔家星星点点，静中有动，野趣盎然，都笼罩在初秋气清意寒的氛围里。

山水画技法的创新，都是基于对客观生活的体验，较前人有新的感受，《富春山居图》吸取了南宋马远、夏圭简放的用笔和精绝的概括能力；皴法作长披麻，虽得益于五代的山水画家董源、巨然，但黄公望不落入畦径，内抒己臆，他用秃笔干墨、边皴边擦，渴中见润，笔路更加放逸恣纵，意态更为浑朴苍茫，用笔灵动有致，坡石峰峦回环聚散引人入胜。以浓墨点苔、在清淡的山色中用浓重的米点点树，十分提神。这件作品的体格既有别于王蒙的繁密，又不同于倪瓒的简淡，它介于两者之间，自问世起，历来为后人所重，对明清山水画的发展颇具影响。

黄公望的画从平淡天真处见浑厚苍劲，于枯淡干渴中看清润华滋，更在于置身于真山真水中，把单一的水墨变幻成一个丰富多彩的世界。他在用墨时，常滴入一点藤黄和螺青，使色泽鲜嫩而不凝滞，达到墨色层次丰富的艺术效果。

令人惋惜的是，《富春山居图》饱经患难，清顺治七年（公元1650年），辗转传至吴洪裕之手，这年吴病危，竟将图投炉火殉之，其侄吴静庵乘吴不察之际，抢出图卷。烧损后的画作被分成了两段，开始了它们各自的旅程。前半段经五次转手，今藏在浙江省博物馆，被称为《剩山图》；后半段经四次易主，从清宫流入台湾故宫博物院，被称为《无用师卷》。自此，一对半壁河山，两相遥望。

2011年6月1日，经过两岸文物爱好者的热心奔走，两图终于在台湾合璧展出。这是《富春山居图》自分割后几百年来的第一次重逢，意义重大。这幅画从创作至今已有660多年，分开的历史也有330多年，如今分藏两岸也超过了60年。它身上承载了太多的故事和悲欢离合，是历经沧桑的中华民族历史的写照。合璧展览的重大意义在于，两岸人民期盼早日实现祖国统一。

王冕《墨梅图》卷

  吾家洗砚池头树，朵朵花开淡墨痕；不要人夸好颜色，只留精气满乾坤。

——王冕

王冕（公元1287—1359年），元代画家、诗人，字元章，号煮石山农、饭牛翁、梅花屋主等。他出身于诸暨（今属于浙江）的一户平民家庭，自幼勤奋好学。据《明史》记载，因家贫无钱读书，王冕只好白天在家牧牛，晚上到附近庙里，靠着古佛，借着青灯读书认字。他还经常把牛放在草地上，自己跑到私塾里听老师讲解。

王冕好学的精神感动了当时会稽的一个叫韩性的读书人。韩性后来收他为弟子，教他读书、作画。王冕青年时期曾一度热衷于功名，但考进士屡试不中，于是满怀愤郁，烧毁了文章，永绝仕途，浪迹江湖。他曾到过杭州、金陵，又渡长江，过淮河，经徐州、济南到达当时的元大都（北京），游览了居庸关。数千里的远游，使他扩大了视野，拓展了胸怀，同时对社会现实的不平等和统治阶级的腐朽也有了较清楚的认识。泰不花曾举荐他，委以翰林院官职，不就。后王冕归隐九里山，以卖画为生。

王冕《墨梅图》卷，元代作品，纸本水墨，纵31.9厘米，横50.9厘米，现藏于北京故宫博物院。

元代后期，文人雅士以绘画抒发意趣的风气蔚然成风，纷纷追求笔墨趣味，崇尚水墨写意，促使花鸟画风格趋向雅淡清逸。当时画墨竹墨梅的风气十分盛行。王冕画的墨梅，继承了宋代华光、晁补之的传统技法，并在这基础上发挥了他的艺术才能，创造出自己的独特风格。神韵秀逸、姿态万千，或繁枝密花，绚烂盛开，或嫩枝疏蕊，含苞欲放，把梅花俊俏秀丽的枝干，穿插得势，舒展挺秀。花朵颇清新，以淡墨轻染，仅花蕊处重墨加点。枝干与花朵，浓淡对比，点线交错，给人以美的视觉享受。

画面上，花朵的丽质、枝干的峭拔，充分表现了梅花孤傲幽芳的神采。这其中寄寓了画家的主观情感，正如他在画上的题诗所云："吾家洗砚池头树，朵朵花开淡墨痕。不要人夸好颜色，只留清气满乾坤。"诗借物抒怀，与画相得益彰，反映了画家追求高尚情操、不愿与当时的统治者同流合污的高尚人格，正所谓："画梅须具梅气骨，人与梅花一样清。"王冕画梅花，只画"野梅"，不作"官梅"。他喜欢山野梅花枝干劲直的品性，不喜欢画经人工造作、枝干多盘曲的庭院梅花。这特点同他的生活经历是分不开的。

王冕的诗画在当时已经不同凡响了，随着声誉日隆，士大夫都争相向他求画。据载，由于他不满于达官贵人向他求画，便画了幅梅花悬在端壁上，并题诗道："冰花个个圆如玉，羌笛吹它不下来。"

表示不愿给他们作画。

王冕秉性高洁，不愿对统治者歌功颂德，还经常给统治者以无情的讽刺，险些入狱。后来，他被迫埋名隐居到家乡的九里山，白天种植豆粟、灌园养鱼，晚上读书、作诗画，过着清贫的生活。他在屋的周围种了千株梅树，几百棵桃杏，题为"梅花屋"。王冕的生活经历对他的诗画影响很大，贫苦朴实的山村生活又赋予他的诗画以浓厚的生活气息。

赵孟頫《水村图》卷

赵孟頫《水村图》描绘江南水乡平远之景，因其用笔潇洒，笔墨秀润，意境清旷，被称为"元代画坛领袖"之作。

赵孟頫（公元1254—1322年），字子昂，号雪松，别号鸥波、水精宫道人等，吴兴（今浙江湖州）人。赵孟頫是宋太祖赵匡胤11世孙，在宋元两朝都做过官，死后封魏国公，谥号文敏。他诗词、书画、音乐皆有很深的造诣，书画成绩尤为突出。山水、花鸟、人物、竹石无一不精。工笔、写意、青绿、水墨诸法皆妙。同时作为一名书画理论家，他倡导书画同源，力倡书法入画，并主张师法自然，提出作画确有"古意"，改变南宋画法，开一代新风，是元初画坛的重要领袖人物，对后世影响极为重大。

赵孟頫《水村图》卷，元代作品，纵24.9厘米，横120.5厘米，现藏于北京故宫博物院。《水村图》是赵孟頫49岁时为友人钱德钧画的一幅纸本水墨画。画中描绘的是江南水乡的平远景色，是作者对江南山水的长期观察、体验后经想象构思而成，意境平和宁静。画面可分为远景、中景、近景三部分。

远景写一带远山横卧在淡淡的水雾之中，十分宁静幽远。这山与北方山色大不相同，没有峻峭的山形，没有高耸的极顶，更不见嶙峋的山石，有的只是睡美人般的形体，长长地横亘在远方，大部分是近乎平地的山坡，几座小峰起伏也很平缓。作者在山阆加入了几道自然的横纹，指代山背上的小坡与平地，墨笔轻点其间就成了片片树丛，山脚下一片参差不齐的树木陪伴着静静的山峦。

中景右侧一片浩渺烟波占据很大画面，平静的水面间有星波细浪，远处山水连接相融，难以区分，岸势平滑曲折回转。左侧一叶小舟正由水湾中驶向湖光深处。中景右半部写的是水洼间的几块平地，几棵柳树垂于宽广的水面边。较远处几所水乡村居掩映在丛林之中，虽然也为画面充入了一些生活气息，但仍显孤寂空旷。

近景写的是泽园中的垂柳与白杨。白杨高大挺拔、枝叶繁茂，垂柳姿态婀娜，柳丝飘逸低垂。脚下芦苇丛生，水洼星罗棋布，十分清冷幽静。

此卷为赵孟頫得意之作，已超越了五代时期山水画大师董源、巨然的传统规范，代表着元代初期山水画的新面貌。画中的线条突破了过去均匀流畅的线条，笔法变化多端，不拘一格，着笔疏松而轻盈，使得文人淡雅的风貌袒露无遗。除了艺术上的成就以外，《水村图》还有其难得的历史价值。从这卷画完成到现在600余年间，题咏不断，流传有序，为我们勾勒了一幅清晰异常的流传史，对于作品和画史的研究的意义非同小可。

董其昌《昼锦堂图》轴

董其昌《昼锦堂图》，以其古雅的画法，堪称中国山水画的经典之作，被列入"十大国宝名画"之一。

董其昌是明代晚期著名的书法家、画家，也是绘画理论家，富收藏，精鉴赏。他不仅是“松江派”的重要画家，而且对文人画的发展与宣传起了很大作用。他注重传统技法，师法董源、巨然、米芾、黄公望，博采众家之长，融会贯通于自己的画中，功力深厚，曾说：“余画与文太史（微明）较，各有所长，文之精工具体，吾所不如，至于古雅秀润，更进一筹矣！”这表明他在师承古法、继承传统方面，有扎实的基础。

董其昌的字体俊逸，画法古雅，善于把书法渗透到画法之中，从而使他的画更显清润明秀，具有文人画的显著特点。董其昌在中国绘画发展史上的地位是不可低估的，他的传世作品极多，风格亦多样，《昼锦堂图》就是他青绿山水画的一幅精品杰作。

董其昌《昼锦堂图》，明代作品，绢本设色，纵 41 厘米，横 198 厘米，现藏于吉林省博物馆。在《汉书·项籍传》中，有“富贵不归乡，如衣锦夜行”的典故，后人反用其意用“昼锦”来表示衣锦还乡的意思。宋仁宗时宰相韩琦曾以武康军节度使知相州，因相州是其故乡，筑堂名“昼锦堂”。欧阳修曾为之作《昼锦堂记》。董其昌便是以欧阳修此记内容为题材，用青绿没骨法绘制了昼锦堂及周围的自然环境。

全画画面表现夏秋之交，一片茂林峦岫，远近相连，湖光山色，意境平远开阔。远岫坡石，杂树丛生，近处岸边树下绘茅屋数间，可能即是韩琦的别墅“昼锦堂”。在画法上，用笔细秀工整，山石轮廓线描很淡，几乎不见笔墨，而是全以深浅不同的颜色画成，浓淡相宜，层次分明。设色非常讲究，主要以石青、石绿，兼用赭墨淡色，皴点晕染，色泽温润，明净沉着，气韵淡雅秀逸，恰到好处地表现出一派青山绿水的秀润风光，毫无飘浮躁气之感。山石画法取自董源、黄公望，多平坡、矶头，用色笔作简单的披麻皴，使每块石头整体感很强，但又有凹凸。树叶用笔，有的一抹而就，有的大点横贯，有的勾以夹叶，有的用朱膘色横点，看上去自然得体，真率浑厚。

画家以其娴熟的笔法，秀润的设色，平稳的构图，将一座山间幽居和溽暑交秋的景物，完美地表现出来。画卷后面还附有他亲笔草书欧阳修的《昼锦堂记》，字体劲健，一气呵成，是董其昌一件书画合璧的佳作。

徐渭《墨葡萄图》

> 青藤（即徐渭）、雪个（即朱耷）、大涤子（即原济）之画，能横涂纵抹，余心极服之。恨不生前三百年，或为诸君磨墨理纸，诸君不纳，余于门之外饿而不去，亦快事也。
>
> ——齐白石

徐渭（公元1521—1583年），明代画家、诗人，字文长，号青藤道士、天池山人或田水月，浙江山阴（今绍兴）人。他生性聪敏，青年时代胸怀大志，但八次入试皆落第。他中年以后曾作过浙闽总督胡宗宪的幕僚，对军政之事多有谋略，后因胡宗宪被弹劾，他也受牵连入狱，一度发狂。他擅长水墨画，尤其喜爱画花鸟鱼虫。艺术上绝不依傍他人，喜好独创一格，具有强烈的个性，风格豪迈而放逸，从这幅《墨葡萄图》中我们可窥见一二。

徐渭《墨葡萄图》轴，明代作品，纵165.7厘米，横64.5厘米，现藏于北京故宫博物院。

这是一幅纸本水墨画，描绘的是一片葡萄悬珠坠玉的姿态，是一幅深受人们喜爱的珍贵花卉佳作。这幅图轴的表现手法可谓别出心裁，一条粗壮的葡萄枝从画幅右上方斜刺入画，基部顿挫有力，末梢淡墨轻扬，似欲伸出画面。枝条婀娜多姿似在微风中摇曳。

作者以泼墨写意法，点画葡萄珠叶，水墨淋漓酣畅，晶莹剔透，令人垂涎欲滴，整枝葡萄枝叶繁茂，错落有致，用笔豪放大胆，是他水墨大写意风格的代表作。值得一提的是，作者在画面上段有大片的留白，左侧题有四句诗："半生落魄已成翁，独立书斋啸晚风。笔底明珠无处卖，闲抛闲掷野藤中。"诗中前两句说明此画作于中晚年，后两句道出作者挥毫时不得志的心境。题款行次欹斜，字势跌宕，令人联想起画家的不平经历。

徐渭到晚年后，生活十分贫苦，但不以画媚世取利，蔑视权贵，秉性使然也。他还是一位文学家兼书画家，自称"吾书第一、诗二、文三、画四"，杂剧诗文多有著述，书法行草效苏轼、米芾之风。绘画以写意花鸟为主，开拓发展了大写意泼墨画法，笔简意浓。他还兼写山水，纵横奔放，开启了明清以来水墨写意法的新途径，对后世影响极大。从八大山人、石涛到郑板桥、李鱓（shàn），以及赵之谦、吴昌硕、齐白石等许多画家无不从他那里汲取艺术营养。

徐渭《黄甲图》

> 故昔人谓摩诘之诗，诗中有画；摩诘之画，画中有诗。
> 余亦谓青藤之书，书中有画；青藤之画，画中有书。
> ——张岱

徐渭少年时屡试不第，灰心仕途。中年任浙、闽总督幕僚军师，对当时军事、政治和经济事务多有筹划，并参与过东南沿海的抗倭斗争，并在诗文中热情地歌颂了抗倭爱国的英雄，曾为胡宗宪草《献白鹿表》，得到明世宗的极大赏识。后来胡宗宪被弹劾为严嵩同党，被逮自杀，徐渭深受刺激，一度发狂，因误杀其妻，被捕入狱。后为张元忭（明翰林修撰）营救出狱。出狱后的徐渭已53岁，这时他才真正抛开仕途，开始从事文学艺术创作活动。

徐渭同唐寅有着某些相似之处，都遭际坎坷，怀才不遇，都恃才傲物，狂放不羁，所以他讲究"逸笔草草，不求形似，聊写胸中逸气"。他的不同凡俗的作品在当时难以被世人理解和接受，对于后人却有着太多的启迪。《黄甲图》是他的代表作之一。

徐渭《黄甲图》卷，明代作品，纸本水墨，纵114.6厘米，横29.7厘米。现藏于北京故宫博物院。中年才开始学画的徐渭，山水、人物、花鸟、走兽、鱼虫无不精妙，完成了写意花鸟画的重大变革，推动了大写意画派的发展和盛行。

黄甲既指螃蟹，又借指科举甲科及第者，亦即传胪。讽刺这些人空有外表风标，气魄粗豪，而实在腹中无珠，并无才学。徐渭一生参加科举考试几十年，终未能中举，对于科举和官场的黑暗深为了解，晚年对于科举制度亦颇为痛恨，加之"深恶富贵人"，因而常常画蟹进行辛辣的讽刺。

整幅画作几乎没有线条，泼墨而成，墨分五色，浓淡有致，狂放之气，足以骄人。画家在画中以奔放精练的笔墨写出螃蟹的爬行之状和荷叶萧疏的清秋气氛。侧面荷叶用大笔水墨，侧笔横涂，数笔连排成一片大叶，未勾叶筋。正面荷叶则以墨笔侧锋由外向中心横涂，如车轮状，中间留出一片空处，然后从中间向四周画出叶脉，略呈辐射状。叶柄以水墨中锋一笔而成，加小点以示梗上刺毛。

此作画在生宣纸上，作画时在墨中加了胶水，使渗晕有所控制，故墨色显得浓淡分明，富有光润。蟹的造型，虽然是寥寥数笔，却是诸多笔法兼用，形神兼备。徐渭另有《题画螃蟹》，可以帮助我们加深对这幅画的理解："稻熟江村蟹正肥，双螯如戟挺青泥。若教纸上翻身看，应见团团董卓脐。"

徐渭在诗文、戏曲、书画等方面，均有很深的造诣，是一位具有革新精神的文学家和艺术家。著有杂剧《四声猿》、戏剧论著《南词叙录》及《会稽县志》等。徐渭自评："吾书第一、诗二、文三、画四。"徐渭一生坎坷，常"忍饥月下独徘徊"，在"几间东倒西歪屋，一个南腔北调人"的境遇中结束了一生。

董其昌《秋兴八景图》

《秋兴八景图》为董其昌的精品之作，共八开，所画为作者泛舟吴门、京口途中所见景色。每幅皆构图精巧，意境高远，韵味充足，笔墨集宋元诸家之长，形成苍秀雅逸的画风。

董其昌（公元1555—1636年），字玄宰，又字思白，号香光居士，上海松江人，万历十七年进士，官至礼部尚书。董其昌擅鉴别书画，以禅论画，提出自北宗论，并推崇南宋为文人正派，为明代画坛"华亭派"（即松江派）的代表人物。著有《客台集》《容台别集》《画禅室随笔》《画旨》《画眼》等。画作有《升山图》《昼锦堂图》《奇峰白云图》《秋兴八景图》等。

董其昌《秋兴八景图》册，明代作品，纸本设色，共8开，每段均纵53.2厘米，横31.7厘米。现藏于上海博物馆。

《秋兴八景图》画册8开，作于万历四十八年，所画为作者泛舟吴门、京口途中所见景色，当时作者66岁。画册有清代宋荦、罗廷琛、张岳松、郑孝胥等题外签。画前扉页有明曾鲸画董其昌肖像，项圣谟补图。全册均有董其昌行楷题记及署款，未钤印，对幅均有吴荣光对题或和韵。画后有清谢希曾等人题跋。

此图册作者自注"仿文敏（赵孟𫖯）笔"，具有学古而能变古的特殊魅力。赵孟𫖯的娟逸娴雅，在这幅画中转为幽秀浑朴，体现出董画所特有的平淡、酣畅、古雅、秀润。图中景物山峦明秀，树石幽奇，芦荻苍黄，秋林丹翠，以及陂陀沙碛，村屋扁舟，无不精妙，有气势雄伟之势，有意境恬静之势，更有深秋萧凉之势。此图构图精巧，意境高远，韵味充足。笔力运劲、墨气苍润、千笔皴擦、渲染入妙，明洁自然。

　　设色以赭石、花青为主调，局部的林木、山峦，施以石青、石绿和朱砂，浓重鲜丽而柔和统一，增添了秋意。《秋兴八景图》是董其昌所谓"读万卷书，行万里路"以获致"丘壑内营"之功的一次实践，在董其昌的影响下，集古成家成为后期文人画的一条重要途径。

　　董其昌以杜甫的八首《秋兴诗》入画，因以为名。其中一开图描绘远山兀立，湖面平旷，近处岸边的怪石突兀，古松参天，丛林之中，隐约可见亭台楼阁。有两舟游荡于湖中，近景处还有一舟正欲扬帆起航。用笔精工，设色淡雅。

　　中国绘画发展到明末清初，不仅各种风格和流派日臻成熟，而且各种绘画理论也日趋完善，成熟的绘画需要完善的理论来指导。在明末清初的绘画理论中，影响最大的应属董其昌提出的"画分南北宗"说。

　　董其昌的"画分南北宗"说，一直是学界争论的热点。其实他是在提倡"文人画"和梳理出中国绘画的两大风格，他是在文人画内部重新调整文人的法式，使文人画向更高阶段发展。但他的"崇南贬北"之说倒是有些偏颇。讲求笔墨是文人画的内在要求，文人画家的笔墨不仅注重造型手段，而且注重笔墨内在的审美价值。书法用笔已被文人画广为借鉴，从书法中吸取精华也已是文人画家的共识。针对这种情况，董其昌提出："士人作画当以草隶奇字之法为之，树如屈铁，山如画沙，绝去甜俗蹊径，乃为士气。"董其昌在提出以书入画的同时，对用于画中的书法之笔，提出了更内在的要求，以保证笔墨更加精纯，不流于表面。

唐寅《落霞孤鹜图》

> 子畏画仿宋元,无不臻妙,而于李唐遗法尤得心印。故其遇合作处往往负出蓝之目。
>
> ——《清河书画舫》评

唐寅(公元1470—1525年),明代中期著名的文人画派"吴门画派"的主要代表人物之一。唐寅是吴县(今江苏苏州市)人,字子畏,又字伯虎,号六如居士,一生中还有桃花庵主、鲁国唐生、逃禅仙吏、江南第一风流才子等别号。唐寅才华横溢,诗文书画无所不精,且自视颇高,自命为"江南第一风流才子"。他与当时苏州地区的一批著名文人交往密切,张灵、文徵明、祝允明、徐桢卿等人都与他交情甚笃。有诗文集《六如先生全集》传世。

唐寅少年时常游荡于市井之中,行为放荡不羁,因其聪明有才气,故少年时就以才名闻乡里。弘治十一年(公元1498年),中应天府(今江苏南京)乡试解元,故唐寅在画上曾用过多方"南京解元"印。由于仕途受挫,后来在桃花坞筑书屋,以诗文书画终其一生。

唐寅《落霞孤鹜图》,明代作品,绢本设色,纵189.1厘米,横105.4厘米,现藏于上海博物馆。

《落霞孤鹜图》所描绘的是一座靠山临江的水阁,水阁之中一位高士独坐眺望江面,童子侍立于旁。水阁依山而建,山势高峻挺拔。阁外柳树依依,远处江面上烟水茫茫,落霞伴孤鹜齐飞,景物十分开阔。画法工整,山石轮廓以较干之笔皴擦点染而成,大小斧劈皴和披麻皴结合在一起,线条富于变化又不失流畅,以宋人之法画柳树,错落有致,俯仰生情。

构图上,左半边留白,右半边山势巍峨,留有南宋"院体"的痕迹但又不落俗套,别具一格。整幅画景物布置洗练,墨色和悦润泽，风格潇洒苍秀，意境深远，体现了唐寅画风成熟时期的风貌。画家在画面的左上方自题道："画栋珠帘烟水中，落霞孤鹜渺无踪。千年想见王南海，曾借龙王一阵风。晋昌唐寅为德辅契兄作诗意图。"诗中道出此画取意于唐代王勃的《滕王阁序》中"落霞与孤鹜齐飞，秋水共长天一色"句，并流露出唐寅对王勃少年得志的羡慕和对自己坎坷际遇的不平与无奈。

唐寅早年曾追随属"院体"画风的苏州老画家周臣学画，后又直追南宋李唐、刘松年、马远等人的"院体"传统，并吸取"元四家"的水墨浅绛法，博采众长，形成以"院体"工细画法为主，而兼"文人画"笔墨韵味的风格，兼容并包，自创一派。唐寅的绘画行笔秀润缜密，具有潇洒清逸的韵致，在"吴门派"画家中独树一帜。唐寅的山水画大幅气势磅礴，小幅清隽潇洒，题材面貌丰富多样，既有以"院体"笔法表现雄伟险峻的高山大川和四时朝暮中的江山胜景的题材，又有取法元人一路描写文人逸士悠闲的庭院、书斋生活的题材，笔墨技法随题材内容的不同而变化。

唐寅的人物画在其作品中占相当大的比重，多描写古代仕女生活和历史故事，仕女形象造型优美，早年承五代和宋人工笔重彩传统，人物面貌秀丽，体态端庄，衣纹用铁线描，线条细劲流畅，画法工细，设色浓艳鲜明，后来则稍加入水墨写意之法，线条时有顿笔，更加流利洒脱，构图趋于简括，形象更加生动。花鸟画兼有工笔和水墨写意两种风格，介于沈周与林良之间，留有元人遗韵。《落霞孤鹜图》轴是唐寅既吸收南宋"院体"技法又融入文人画意境的山水画代表作。

沈周《庐山高图》轴

其画自唐宋名流及胜国诸贤，上下千载，纵横百辈，先生兼总条贯，莫不揽其精微。

——王稚登

沈周（公元1427—1509年），明代画家，字启南，号石田，晚号白石翁，人称白石先生，长洲相城（今江苏吴县）人，出身于书香世家，其祖父沈澄，伯父沈贞吉，父亲沈恒吉，都以诗、画著名于时，家中收藏甚丰。

沈周自小喜画，深得家法，亦受过当朝著名画家杜琼指教，后来博采众长，得益于宋元诸家。主要继承董源、巨然以及"元四家"水墨浅绛体系，多仿古之作，笔力雄健老硬，被董其昌赞为有"老笔密思"的异趣。所作山水画，水墨苍润，坚实豪放，厚重凝练。沈周的山水画，文徵明、唐寅、仇英齐名，绘画史上称为"明四家"。

沈周《庐山高图》轴，明代作品，纸本淡设色，纵193.8厘米，横98.1厘米，现藏于台北故宫博物院。历代画家中作庐山景物图的，不乏其人，作品也很多。但是像沈周《庐山高图》这样诗画并茂、寓情于景的巨幅杰作，则属少见。

此图系沈周41岁时为他的老师陈宽祝寿而作，所以画题本身就包含着图系沈周寄情山水、以景拟人的哲理。画面上危峰陡壑，长松巨木，起伏轩昂，雄伟瑰丽。五老峰雄踞于山巅之首，气势郁郁苍苍。近景坡头，一人迎飞瀑背向而立，仰首观景，与高耸入云的巨嶂相比，比例虽极小，却点出了题意。陈宽祖籍江西，沈周画此图赠其启蒙老师，以庐山的崇高博大、雄伟壮阔比喻先生品德之高尚，寓意"高山仰止"之境界。

此图布景高远深幽，填密繁复，山石皴法，多用披麻、解索皴，浓墨点苔，墨丰笔健，得王蒙笔法文秀之精髓而又别开生面，再现出这一名山大气氤氲的动人形象。画面上部有沈周篆文自题"庐山高"3字。

王翚《秋树昏鸦图》轴

　　画有南北宗，至石谷而合为一。

——王时敏

　　王翚（公元1632—1720年），字石谷，号耕烟散人，又号剑门樵客、清晖老人、乌目山人等，江苏常熟人。王翚出身书香世家，祖上五代擅画，在家庭熏陶下，他自幼喜爱绘画，专摹黄公望，得到过王时敏、王鉴的指教，画艺益精。他专工山水、人物。早年作品笔法精湛，秀丽明快，中期布局有序，生机盎然，晚年则以简率苍劲的手笔创作了不少精品，《秋树昏鸦图》就是其中翘楚。

　　王翚《秋树昏鸦图》轴，清代作品，纵118厘米，横73.7厘米，现藏于北京故宫博物院。这幅水墨山水画，是王翚81岁高龄时创作的佳品，画面上端右侧题诗曰："小阁临溪晚更嘉，绕檐秋树集昏鸦。何时再借西窗榻？相对寒灯细品茶。"这首诗道出了画中的情与景。

　　这幅画布局繁密，远近景用宽阔平静的水面隔开。远处纵横交错，将峰峦分为一大一小两部分；近处一片山坡，蒿草密布，竹林中棵棵秀竹笔直挺立，十分齐整。沿着左侧山坡的一条小溪飞奔而下，起

伏跌宕，似银绸飘动。

溪水两岸各有数棵古柳，枝条轻拂。古木粗根裸露，枝干扭转，枯枝顶端，栖息数十只乌鸦，另有几只展翅而去，一派苍凉的秋暮景色。古木下依山傍水建有一阁一屋，古朴典雅，分外清幽，屋中两名高士正在畅叙久别重逢的友情。不远处的一座木桥上一位行人正缓缓行走。

从题诗来看，作者把思念之情，与苍茫的秋色相融，可谓情与诗画相得益彰，用心颇精。这幅画用笔苍劲严谨，墨色富于变化，人物形态生动，实为一件传世佳作。

朱耷《杨柳浴禽图》轴

拙规矩于方圆，鄙精研于彩绘。

——张庚

朱耷（公元1626—1705年），清代画家，字刃庵，号雪个、八大山人等，是明太祖朱元璋第十六子朱权的九世孙，江西南昌人。他自幼受到家庭的熏陶，8岁即能作诗，善书法，精篆刻，尤工于绘画。后人对他的作品评价很高。他以简洁的笔法，描绘出了花草、树木、鱼雁、芭蕉及怪石等生动的形象，艺术造诣极深。所画鱼鸟往往是"白眼向天"的情状，形象别开生面，富有个性。他的代表作《杨柳浴禽图》就刻画了这样一只另类的鸟。

朱耷《杨柳浴禽图》轴，清代作品，纸本水墨，纵119厘米，横58.4厘米，现藏于北京故宫博物院。《杨柳浴禽图》是一幅水墨写意花鸟画，画中描绘了一只浴后的八哥栖息在树顶上的情状。画面上部大部分留白，只在左侧用秃笔（笔尖脱毛而不合用的毛笔）写出几枝柳丝，随风摇摆，但却显得干涩苍老。下部一树，树干倾斜，树上立一八哥。八哥造型别致，一爪独立，一爪蜷曲，正低头缩着脖子，梳理羽毛，白眼向天。树下一块巨石支撑着树干，使人感到树身凌空，八哥正处于危在旦夕的境地。

　　全图布局简括，笔墨精练。对树木与湖石的刻画力求苍劲，对八哥的描绘则生动传神。八哥的姿势画法承袭了前作《竹石八哥图》，可见八大山人自己对这一形象的塑造相当满意，同时也可以了解到八大山人那些潇洒随意的、看似漫不经心的作品其实是经过了深思熟虑后创造出来的。

　　在构图处理上与以往画作不同，此图是以八哥为全画视觉中心，采取上虚下实的手法，而又虚中有实，实中有虚，即他自己所说的"阴鸷阳受"的处理手法。如下部树干、湖石、土坡中留出三大块空白。上部杨柳枝条迎风摇曳，寥寥数笔，又分割出若干块空间，虽虚而实，有密不透风之感。最后题款和印章与主体八哥成掎角之势，以补虚中之不足。此幅画面笔墨虽简却构图饱满，境界廓大，表现了春风和煦、万物萌动的无限生机，这与他的一贯表现大异其趣。

　　朱耷在绘画中不以形似取胜，而是经常作夸张变形处理。他的画神形兼备，寓意深刻。作为明室后裔，朱耷目睹了家破国亡的惨状，悲痛欲绝，常现疯癫之状，所以他的画作多怪诞、奇异，

099

不同于常人。他曾经落发为僧，后又学道，一生用过的名号不胜枚举。如八大山人、秃驴、个山、人屋等。其中"八大山人"用得最多，写作连缀成"哭之"或"笑之"的样子，隐含身世之痛。他的绘画对扬州八怪、"海派"诸家及近现代齐白石、张大千、潘天寿、李苦禅等大师均有极深的影响。

朱耷《孔雀图》轴

朱耷，是中国写意花鸟画的成绩最高者，他承前启后，被称为"花鸟画大写意之泰斗"，《孔雀图》是以独特的绘画语言对时事进行辛辣讽刺的典范。

朱耷是清初画坛的一位怪杰，被张庚称为有"仙才"。朱耷的画不受框架制约，能开拓创新，表现力极强。朱耷的《孔雀图》，就是这样一幅独特的艺术珍品。

《孔雀图》是朱耷68岁所作，是一幅画面简括、立意深刻的水墨画。画面上半部作一倾斜山石悬崖，石壁缝间蔓生着一丛牡丹和野竹。石壁下面的一块上大下小的危石上，蹲着两只拖着稀疏翎尾的孔雀。一只竖着脖子，直视四野，一只缩着脑袋，侧眼顾盼，荒寒孤倦之状、惊心吊胆之神态，跃然纸上。全图以平正简略的勾泼，求奇特天然的情致，使一花一叶、一鸟一石，都能在变形取貌中得其盎然之意。特别是孔雀，笔墨不多，意态全出，显示了画家以简胜繁、不囿于规矩的艺术才能。

画上题诗云："孔雀名花雨竹屏，竹梢强半墨生成。如何了得论三耳，恰是蓬春坐二更。"清代官员的级别，以孔雀尾毛做的"花翎"帽子为标志，由皇帝赏戴。花翎有一翎、二翎、三翎之别，三根花翎称之为"三眼花翎"，是最高官职的标志。这幅画上的孔雀尾毛，画的恰恰是三根翎毛，其用心当可意会。古时谓"臧（奴才）有三耳"，因为奴才要对主子奉承拍马、唯命是听，其耳朵也就特别灵敏，所以俗说奴才有三只耳朵。这幅画创作于康熙年间，当年康熙南巡时，大臣们纷纷赶来接驾，本来皇帝五更天才到，他们二更天便早早候在那里了。"孔雀"们虽炫耀一时，但它们的立足之地则是一块摇摇欲倒的危石。我们如果把诗和孔雀的情态结合起来寻味，便会强烈地感到《孔雀图》所寓意对旧宦新贵的讽刺，是何等的辛辣和深刻。

图中所表现的这种诗情画意，以及所体现出来的作者的悲愤情调，在当时有"抄家灭门"的危险，这就更说明了朱耷的傲岸骨气。画面落款仍采取惯用的形式，将"八大"和"山人"连写成既像"哭之"，又像"笑之"的奇特字形。这些都不是笔墨游戏和无故凑合，其中自有作者难以明言的衷怀。朱耷曾说过："愤慨悲歌，忧愤于世，一一寄情于笔墨。"这幅《孔雀图》生动地说明，朱耷的艺术是他胸怀的袒露、情感的倾泻，是有着画家强烈的个性的。

朱耷《孔雀图》以及他的其他写意画作品，其景物的变态特征，以及由此而形成的隐晦曲折的风格，是与他的毕生境遇密切相关的。他曾在扇子上写个"哑"字，待人遇事，展扇绝口。他寡身孤居，绝交于世，曾在南昌市郊建造青云谱道院，过着亦禅、亦道、亦儒的生活，习静修真，参研书画，以抚慰亡国的隐痛。晚年寓居北兰寺，孤苦伶仃，在自己编造的"寤歌草堂"之中，悲寂而终。

101

朱耷画风雄奇隽永，自成一家。花鸟画以水墨写意为宗，笔情恣纵，放逸不群，苍劲圆秀，逸气横生，往往将物象人格化，寄托个人情感或赋予寓意，个性鲜明，笔墨不同凡响。山水画师法董其昌，在绘画史以至世界绘画史上都有着崇高的地位。

郑燮《竹石图》轴

书中画，画中书，玄妙绝笔写几图。

——郑燮

郑燮（公元1693—1765年），字克柔，号板桥，是"扬州八怪"之一。"扬州八怪"是清代中期扬州画派的八位代表人物，他们是金农、黄慎、郑燮、李蝉、李方膺、汪士慎、高翔、罗聘。其中以郑燮的成就最大。郑燮是江苏兴化人，幼年丧母，家中贫寒，由乳母教养苦读，聪颖好学，尤爱字画，乾隆年间中秀才。有诗、书、画三绝的美誉，擅长画兰、竹、石、松、菊等，而以兰竹最为著名。

郑燮《竹石图》轴，清代作品，纵217.4厘米，横120.6厘米，现藏于上海博物馆。

这是一幅水墨写意画，是郑燮62岁时以庭院之竹、石为题材所画。作品以白描笔意为主，中锋勾勒，用笔致瘦硬的长折带皴勾出坚硬挺削的石质，极尽变化，神韵俱足。石前有两三枝劲拔挺秀的新篁修竹，有呼有应。全图画家以"冗繁削尽留清瘦"的简洁画法写成。郑燮画图非常简括，只写了数株秀竹和一块瘦石，竹干粗细有别，竹叶错落纷呈，十分润泽；瘦石棱角分明，直立于竹后。以简劲笔锋勾勒突兀的山石，在整个坚硬瘦石折裥处略施以小斧劈皴，峻嶒之态顿出；竹竿细之又细，但细而不弱；竹叶少而腴，不乏葱翠富强；一竿修竹顶天立地，其他竹子则交错纷杂有致，虚实、浓淡、高低、远近相呼应，在妙趣横生间又生一种孤傲之气。整个画面，简约明快，竹清石秀，气势俊迈，风神肃散，有傲然挺立、不可一世之概。

全图笔势纵横，生机勃勃，书法也是风神独具、挥洒自如。左侧的题跋，洋洋洒洒百余字。其中道出了郑燮竹往往挺立孤直、倔强不驯的内涵。画上题句云："昔东坡居士作古木竹石，使用枯树而无竹，则黯然无色矣，余作竹作石固无取于枯木也，意在画竹，则竹为主以石为辅之，今石反大于竹多于竹，又出于格外也，不泥古法，不执己见，维在活而已……"从这段题句可以看出郑板桥的创作思想：作画不落前人窠臼，不唯古是从，食古不化，主张"师其意不师其迹""但得宋元气韵在，何须依样画葫芦"。其次是创作不恪守陈法，不要怕出格，要追求新的表现手法。再者是创作在于不迷信古法，不固执己见，做到一个"活"字。

郑燮提倡"瘦劲孤高""豪气凌云"，讲究既有"节"又有"品"。他利用这种形式缩短了作者与观者的距离，并阐明自己所悟的人生哲理，真称得上是"书中画，画中书，玄妙绝笔写几图。"跟竹子一样，郑燮其人也孤傲刚正，蔑视贪官，同情穷人，是一位有气节、受人爱戴的文人，也是一位一生不得志的画家。他的书画风格对后世的影响是不言而喻的。他的诸多充满气节的传世之作被海内外视为瑰宝。

第五章 玉石：天然与巧匠

天下第一玉龙

猪嘴玉龙，距今已有五千年以上的历史，被称为天下第一龙。

龙作为中国神圣的图腾，被崇敬和膜拜。中国人更是称自己为"龙的传人"。源远流长的龙文化，是中国深厚历史积淀的见证。

龙在中国老百姓心中是吉祥、智慧的象征，也是人与天、神沟通的媒介，被赋予了主宰风雨、载人升天等神奇功能。在古代，龙还被引入到古天象学、命理学以及帝王政治等领域，被赋予了浓厚的神秘色彩。那么，龙的原始形态又是什么样呢？千百年来，一直都是个谜。

1971年在内蒙古发现了一条玉龙，这是迄今为止的玉雕作品中最早的玉龙形象，也是中国北方红山文化中最典型的玉器品种。这年秋天，翁牛特旗三星塔拉嘎查村的一个村民吃过午饭后，到村东2华里的小泉山南坡的梯田里劳作。下午5点多，他

在一棵文冠果树旁挖土，挖到 2 尺深的时候，铁锹头碰到了一块青石板。他揭开石板，出现了一个用石块垒砌的石槽，深 2 尺。当他小心翼翼地把砌垒的石块一一拣出后，发现一个圆形环状、灰白色的物件平放在石槽底，他并不知道自己挖到的是一件珍贵文物。

直到 1985 年，考古界泰斗苏秉琦对这个出土的东西进行鉴定，才认出这是红山文化时期的碧玉龙。由于此龙的嘴很厚实，所以也称为猪嘴玉龙。随后，猪嘴玉龙名扬海内外，成为国人的骄傲。

猪嘴玉龙，高 26 厘米，距今 6 660—5 000 年，在玉龙上刻有猪的头、马的鬃和蛇的身。卷曲呈"C"字形，酷似甲骨文中的"龙"字。整器用墨绿色岫岩玉雕琢而成，完整无缺。龙吻前伸，略向上翘，鼻翘目隆，脑后有末梢上卷的鬣，集生动、劲健、简练于一身。

龙的目、口等处都先用垂直阴线钩出轮廓后，再将沟道外棱斜着琢去，形成一圈平缓的斜面，使所钩出的形体隐隐有突出地子之上的效果。这种雕法在石雕中称为"压地隐起"，简称"压地"。此玉器还把压地处隐约突出的部分边棱打磨得较模糊，泯去雕琢痕迹，看上去浑然一体。

此件大型玉龙，是一整块玉料的圆雕，通体琢磨，光洁圆润，造型奇特，龙体伸曲刚劲有力，长鬣高扬，显得极有生气。龙背部有对穿的单孔，孔外径 0.95 厘米，内径 0.3 厘米，如果用绳系孔悬挂，龙的头尾恰好处于同一水平线，可见孔的位置经过了精密的设计。

猪嘴玉龙属新石器时代遗物。它的出土表明早在 5 000 多年前的西辽河上游便已形成了对龙的图腾崇拜。

中国是礼仪之邦，也是尚玉之邦。猪嘴玉龙的发现，不仅让中

105

国人找到了龙的源头，也充分印证了中国玉文化的源远流长。

传国玉玺

由于秦始皇命人将和氏璧刻上"受命于天，既寿永昌"的字样，因此被人们称为"传国玉玺"或"传国玺"。

韩非子在其著作《韩非子·和氏》中讲了这样一个故事：春秋时，楚人卞和在楚山看见有凤凰栖落在山中的青石板上，依"凤凰不落无宝之地"之说，他认定山上有宝，经仔细寻找，终于在山中发现一块璞玉。卞和捧着它献给楚厉王。楚厉王派治玉的工匠进行鉴定，玉匠说："这是块石头。"楚厉王认为卞和欺骗自己，砍掉了他的左脚。

楚厉王死后，楚武王登上王位，卞和捧着那块玉石献给楚武王。楚武王叫玉匠来鉴定，玉匠又说："是块石头。"楚武王也认为卞和是欺骗自己，于是又砍掉他的右脚。

楚武王死后，楚文王即位，卞和抱着那块石头在楚山脚下哭泣，哭了三天三夜，眼泪流干后流出了血。楚文王听说后，派人询问他痛哭的原因，对他说："天下被砍掉脚的人多了，你为什么哭得这样悲伤呢？"卞和说："我并不是悲伤被砍掉脚，我悲伤的是那宝石被认为是石头，忠贞的人被认为是欺骗，这才是我悲伤的原因啊。"楚文王于是派玉匠雕刻那块石头，从中果然得到宝玉，于是把这块玉命名为"和氏璧"。

秦始皇统一六国后，要选用天下绝无仅有的宝贝来作为王权的象征。于是，秦始皇命用和氏璧制成玉玺，并由李斯刻上"受命于天，既寿永昌"八个小篆字。始皇帝想将这枚玉玺代代相传，因此称之为"传国玉玺"或"传国玺"。

然而，秦朝只传了两世就亡了，传国玉玺被汉高祖刘邦所得，号曰"汉传国玺"。西汉末年，王莽篡政。当时，小皇帝刘婴仅两岁。玉玺由王莽姑母汉孝元太后代管。王莽命令弟弟王顺进长乐宫索玺。孝元太后盛怒之下，将传国玉玺摔在了地上。传国玺被摔缺一角，只好用黄金来镶补。

东汉光武中兴，王莽失败，传国玉玺归光武帝刘秀。东汉末期，十常侍作乱，汉少帝夜出北宫避难，仓促间未带传国玺，返宫后传国玺查无下落。后来，东吴的孙坚带兵讨伐董卓，在洛阳城南甄宫井中打捞出一宫女尸体。宫女颈下赫然悬挂着传国玉玺。孙坚带着玉玺返回长沙，在路上被刘表截击而死，刘表又把玉玺交到了袁术手中。当时，曹操挟汉献帝而令诸侯，传国玺得以重归汉室。

魏文帝代汉自立后，玉玺传到魏国手中。魏文帝在玉玺的一侧刻上了"大魏受汉传国之宝"字样。三国一统于西晋，玉玺归晋。五胡乱华时期，朝代更迭频繁，动荡不安。传国玉玺开始了最为剧烈的颠沛流离。玉玺先是被灭亡西晋的匈奴部、前赵刘聪夺得。后赵石勒灭前赵，夺得玉玺。后赵大将冉闵杀石鉴自立，建立了冉魏，

续而拥有了玉玺。冉魏被鲜卑人灭亡之时，命人连夜护送玉玺到东晋首都建康，献给晋穆帝。随后玉玺在东晋、南宋、南齐、南梁各朝代之间世代相传。

到了南梁时，建康发生了侯景之乱。侯景在寿阳起兵叛梁，最后攻占了首都，得到了玉玺。侯景很快被杀，玉玺被投入栖霞寺井中，寺僧将玺捞出收存，献给陈武帝。4年后，北周外戚杨坚统一中国，建立隋朝，传国玉玺成为隋朝的国宝。

到了唐朝，唐太宗将之更名为"受命宝"。唐末，天下大乱，群雄四起。朱全忠废掉唐哀帝，建立了后梁政权，得到了传国玉玺。16年后，唐朝旧部李存勖灭掉了后梁，建立了后唐，夺得传国玺。后来，石敬瑭借助契丹兵力，攻下了洛阳，后唐末帝李从珂抱着玉玺自焚于玄武楼，自此传国玉玺失传。

传国玉玺上"受命于天"四个字让历代封建统治者当作是天命所归的宝贝，因此不断去疯抢。然而，后四个字"既寿永昌"的美好愿望，却没有一个朝代能够实现。传国玺从发现和氏璧始，传至唐末，经历了1640多年，见证了历朝历代的兴衰。这种经历让它成为世界上绝无仅有的，以后也不可能再有的绝世珍宝。

中山靖王金缕玉衣

1968年5月河北满城出土的金缕玉衣，整体设计精巧，做工细致，是旷世难得的艺术瑰宝。

汉代帝王下葬时要用"珠襦玉匣"包裹尸身，这种玉匣形同铠甲，用金丝串联玉片制成，也被称为金缕玉衣。古人认为玉可防止精气外泄，玉衣可以保持尸骨不朽。这种玉衣还是身份和权位的象征，规格最高的当属金缕玉衣，其次是银缕玉衣，最后是铜缕玉衣。

汉代丧葬制度规定，只有皇帝死后方可用金缕玉衣，诸侯用银缕玉衣，士大夫用铜缕玉衣。但是也有例外，如果是皇帝特别恩宠的诸侯王爷或大将，也能享用金缕玉衣作为随葬品。

迄今为止，全国共发现了18座拥有玉衣的西汉古墓，有8座是金缕玉衣。其中最珍贵的当属河北满城一号墓出土的中山靖王刘胜的金缕玉衣。

1968年5月，河北省满城县西南1.5公里处的陵山，人民解放军某部奉上级的命令，正在这里进行一项国防工程。5月23日，当战士们在距离山顶30米、一个朝东的地带打眼放炮时，发生了一件意想不到的事情。爆炸声过后，并没有像往常一样崩下来多少石头。一名走在前面的战士，双脚突然失去了支撑，身体随着碎石渣猛然沉了下去。等他完全反应过来时，一个漆黑的洞口出现在他眼前，洞里面有大量的动物残骸，以及一些陶器和铜器，这名战士隐约感到这很可能是个古墓。几天以后，河北省文物工作队的专家闻讯赶来。经过初步判断，考古工作者确认了这是一座汉代古墓，并把这座墓室起名为"满城汉墓1号墓"。

随着勘查清理工作的逐步深入，1号墓的整体形制也渐渐清晰，原来这就是古代大名鼎鼎的中山靖王刘胜的墓穴。

中山靖王刘胜是汉景帝刘启之子，汉武帝刘彻的哥哥，三国时期刘备的先祖。满城汉墓1号墓出土的金缕玉衣就是刘胜死时所穿。金缕玉衣分由头罩、上衣、裤筒、手套和鞋五部分组成，全部都是由金丝编缀玉片而成。这件玉衣长1.88米，共用了玉片2 498片，金丝1 100克。整体上玉衣和人的形状一模一样。

头罩由脸盖和脸罩组成，共有玉片219片。脸盖上刻制出眼、鼻、嘴的形状，其中鼻子是由五块长条瓦状玉片合拢而成，可谓是别具匠心。

上衣分为前片、后片、左袖、右袖四部分，各部分是独立的，没有连接在一起。前片制成宽阔的胸部，鼓起的腹部样式的体型，共有玉片327片。玉片的排列大体上是左右对称，纵横成行。

后片由348片玉片组成。展开后似背心状，成型后背部宽厚。下端作出人体臀部的形状，腹部收缩，臀部鼓起。玉片的排列方法与前片相同，也是用长方形或方形玉片，只有臀部股沟处是三角形玉片。前后两片的玉片，对缝严密，表面平整，腹部和臀部形象和人体接近。

左袖筒由283片玉片组成，右袖筒由264片玉片组成。左右袖筒结构相同，都成筒状，上面比下面稍微粗点，呈椭圆形，与肩部的开口相吻合。袖筒从腋下到袖口有一条缝，展开后成梯形。

手部做成握拳状，左右各握一璜形玉器。两只手分别由113、112片玉片组成。这些玉片相对来说较小，手指处用狭长的玉条构成，掌心和掌背都是由长方形或正方形和多边形玉片组成。

裤筒也分为左右两只，没有裤腰。左裤筒由287片玉片组成，右裤筒由280片玉片组成。左右裤筒结构相同，都是上粗下细，符合人腿的形状。裤筒的玉片都是长方形，排列整齐。也有一条缝贯穿整个裤筒，可以把裤筒向两边打开，铺展成一片。

足部作鞋状。两只鞋皆为方头平底鞋，都是用69片玉片组成。鞋底玉片由独特的三块大玉片组成，鞋后跟当中留有缝隙，也可以向左右打开，便于穿在脚上。

另外，在"玉衣"的头部，有眼盖、鼻塞、耳塞和口含，下腹部有罩生殖器用的小盒和肛门塞，这些都是用玉制成的。颈下还有玛瑙珠48颗，腰部有玉带钩。

中山靖王刘胜的这件金缕玉衣制作技艺非常高超，设计科学合理，完全是按照人体模型来设计的，玉片的形状大小取决于人体各个部分的不同形状。根据玉片背后残留的墨迹编号，专家断定制作这件玉衣，是经过了缜密的设计和计算的。玉片也经过了精心加工，表面光滑如镜，上面的孔径很小，仅为1—2毫米，孔壁也十分规整。

整件玉衣制作难度最大的要数手部，尤其是手指部分，特别复杂。手指部分要表现出手指的每一节关节，这就要求有高难度的玉石切割技术，才能做到像手指一样的自然弯曲形状。所以，玉片的切割不是直切，而是根据手指的弯曲度，被它斜着切。有的需要朝内切，有的要朝外切，从正面往背后外边切，这样才能出现一个瓦楞。

玉料的选材也经过深思熟虑，力求颜色协调。玉衣的上半身呈现碧绿色，下身为灰褐色。所有玉片都是靠金丝串联。金丝大都长4—5厘米，有粗有细，最细的金丝仅有0.08毫米。其中有一种合股金丝，用12根最细的金丝拧成，既柔软、结实，又有韧性。

整件玉衣是由上百名工匠花了两年的时间才制作完成，设计精巧，做工细致，是千载难得的艺术瑰宝。这件金缕玉衣出土时，曾轰动了国内外的考古界。

马踏匈奴

马踏匈奴石雕，是汉朝骠骑将军霍去病墓石刻，是留存至今的一组极具代表性的大型石雕作品。

汉茂陵是汉武帝刘彻的陵墓。汉大将霍去病因征讨匈奴，战功显赫，死后得以入葬茂陵。

霍去病17岁就随舅舅卫青参加了反击匈奴的战争，并率领部下800人偷袭匈奴军营，歼灭了2 000多名匈奴兵。大军得胜凯旋，汉武帝为表彰他的年少英勇，封他为冠军侯。

两年后，霍去病当上了骠骑将军，率领1万骑兵横扫匈奴大营，追击千里，歼灭了匈奴的主力，自此汉军掌握了战争的主动权。

后来，汉武帝又命21岁的霍去病和卫青分别率大军合击匈奴。

霍去病率兵翻过祁连山，大破匈奴左贤王，歼灭数万敌兵，又乘胜追击到漠北的狼居胥山，勒石记功而还。不幸的是，霍去病英年早逝，死的时候才24岁。汉武帝对于霍去病的离世，感到非常难过，特命人在自己的茂陵旁边为他修建了一座坟墓，并追封为"景桓侯"。

霍去病墓地石刻是一组具有代表性的大型石雕作品。包括马踏匈奴、跃马、卧马、卧牛、伏虎、野猪、石人、人抱熊、怪兽食羊、卧象、石蛙、石鱼等15件作品。其中"马踏匈奴"是这组群雕石刻的主体作品，同时也是茂陵石刻的代表作品，代表了汉代石刻的最高成就。

马踏匈奴石雕，高168厘米，长190厘米，为花岗岩制材，是霍去病墓最有价值的石刻作品，雕塑手法重意不重形，古拙浑厚，具有高度的概括力和非凡的表现力。

马踏匈奴原先立于墓的正前方，马首挺立，气势不凡，同匈奴侵略者狼狈挣扎的丑态，形成鲜明对比。马腿粗而坚实，犹如四根巨大石柱，与马身浑然一体。马踏匈奴构思巧妙，运用象征手法，以威武的战马来比喻将军的英勇豪迈，以马脚踩踏匈奴兵来昭示霍去病击败匈奴的事迹。虽然没有出现霍去病的形象，但是加强了象征性和纪念意义。

马踏匈奴简洁的造型，粗犷的风格，宏大的气势，不仅寄托了对英雄的歌颂和哀思，也反映了汉朝在上升时期国家的精神面貌,在中国雕刻史上有着重要的地位。马踏匈奴现藏于茂陵博物馆。

"桐荫仕女图"玉雕

"桐荫仕女图"为俏色玉圆雕作品,整块玉石从中心取走了一件碗坯,工匠将余下的材料琢成了一件具有江南庭园景色的器物,曾被乾隆帝拿来与春秋时的和氏璧相媲美。

"桐荫仕女图"玉雕,创作于清代,高15.5厘米,宽25厘米、厚10.8厘米,现藏于北京故宫博物院。作品玉料呈白色,曾经水流冲刷,因此在局部表面有红色皮浸。从刻在其底部的乾隆御制诗可知,这是一块制作玉碗时剩下的废料,经养心殿造办处的苏州籍玉匠雕刻而成。

作者利用裁碗留下的圆洞琢成月亮门,上有两扇扉门,一扇半开,门内外各立一长衣少女,一人手持如意,一人双手捧盒,并透过门缝相互观望呼应。因为是两面雕刻,所以从正面只能看到一个少女。作者还极其巧妙地利用玉上的红色皮浸琢成茂密的桐叶蕉丛,垒石假山和石桌石凳,这些构成了一座小巧秀丽且极有情致的江南庭院。器底部略平,上面阴刻清高宗弘历"御题"诗及"御识"文。此器雕成于乾隆三十八年(公元1773年),上有诗写道:"义重无弃物,赢他泛楚廷。"意即玉工之"义",比战国时的卞和在楚廷中不怕断足残肢多次向楚王哭献玉璞的义举还要重。充分肯定了玉工不放弃任何有用之

113

才，巧运心灵，精心创造的精神。

　　清代山水画和人物画都对玉雕产生了极大的影响，产生了一大批玉图画，以崭新的内容丰富了中国古代的艺术宝库。当时的玉工善于借鉴其他行业的成就，吸收传统玉雕做工和外来艺术影响，加以糅合、变通，创造与发展了具有鲜明时代特点的集大成玉器艺术。此件玉器就是根据清廷无名氏所绘《桐荫仕女图册》一画所雕刻，这使平面的绘画变为立体，为玉雕提供了新的题材。

"大禹治水图"玉山

　　"大禹治水图"玉山，高224厘米，重5 000千克，是世界上最大的玉雕作品，被誉为"国之瑰宝"。

　　"大禹治水图"玉山，为清代作品，高224厘米，宽96厘米，北京故宫博物院藏。

　　所谓玉山即在巨大玉石上分别雕山林、人物、动物、流水等。此玉山的玉料呈青色，通体雕崇山峻岭，流泉飞瀑，古木苍松。在险峻的悬崖峭壁上，聚集着成群结队的开山取石的劳动人民，他们有的用锤钎凿石；有的用镐刨沙砾；有的用简单的杠杆机械提石打桩，刻画了大禹领导人民治水的热火朝天的劳动场面。玉山之下设60厘米高的随山的形状铸造的嵌金丝褐色铜座。

　　从器物上乾隆所题御诗和清内务府造办处档案记载可知，此玉山的稿本是根据故宫旧藏宋或宋以前的"大禹治水图"画轴摹制而成。所用玉材采自新疆和阗一带的密勒塔山。其制作过程是先由清官造办处画出纸样并铸造蜡样一座，经乾隆皇帝审定同意，然后运往扬州，交由当时的两淮盐政图明阿监督扬州玉工制作。于乾隆五十二年（公元1787年）完工，并运往北京，安置在皇富乐寿堂内，至今未挪动。

乾隆五十三年（公元1788年），皇帝又命造办处工匠将他亲笔题字"密勒塔山玉，大禹治水图"七言诗和自注刻在玉山的背面，将他的"五幅五代堂古稀天子宝"印玺刻在玉山之上，还在背面下方刻"八徵耄念之宝"印章，这样此玉山从采料、设计、运输、制作到刻字前后，共用了10年时间，用工逾几十万人次，花费银两以万计，这是历史上前所未有的。

大禹治水的传说曾在民间广为流传，大禹治水13年，三过家门而不入，终获成功，深受人们的拥戴。乾隆皇帝制作此器的目的是以夏禹来标榜自己效法先王的业绩，以博千古之名，同时也歌颂了大禹治水的功德。玉山重达万斤，是迄今为止我国乃至世界上最大的玉器。

翠玉白菜

> 和阗产玉来既夥，吴匠相材制器妥。仿古熟乃出新奇，风气增华若何可，菜叶离披菜根卷，心其中空口其侈。插花雅合是菜花，绯桃雪梨羞婀娜，民无此色庶云佳，艺谏或斯默喻我。
>
> ——乾隆皇帝

中国古代玉器制作的特点之一是巧作，也称"俏作"。即利用玉材的外皮、色斑与玉本色的色差，根据器物特征雕出色彩变化的形象。巧作工艺萌芽于我国商周时期，但大量使用要到宋元之际。清代不仅盛行巧作，其工艺也达到了炉火纯青的境界。这件清宫旧藏"翠玉白菜"是清代玉器巧作最为成功的范本，被台北故宫博物院视为镇馆之宝。

翠玉白菜，清代，长18.7厘米，宽9.1厘米，厚5.07厘米，现藏于台北故宫博物院。

翠玉白菜与真实白菜相似度几乎达到了百分之百，是由翠玉所琢碾而成，亲切的题材、洁白的菜身与翠绿的叶子，都让人感觉十分熟悉而亲近，菜叶上停留了两只昆虫，它们是寓意多子多孙的螽斯（纺织娘）。

这件玉雕白菜正是巧妙地利用了玉料本身的色差，以绿玉部分琢菜叶，白玉处作菜身，并在菜叶绿色深浅不同部位恰到好处地琢出大、小两个螽斯，玉雕工匠以精湛的技艺将白菜的叶脉、蝈蝈的纹理雕琢得栩栩如生，使整件作品生趣盎然，青翠欲滴。翠玉白菜是台湾民众非常喜爱的一件文物，还放到了中学的历史课本里，连小孩子对这颗白菜都很熟悉。

白菜、螽斯是中国艺术家喜爱表现的创作题材，著名国画大师齐白石就曾以此为主题挥毫泼墨，白菜、螽斯一静一动，巧妙结合，在静物中蕴含着生机和动感，表现出作者对生活的热爱和对艺术的刻意追求，因而经久不衰，成为中国工艺美术领域中的一枝独秀。

翠玉白菜是清朝光绪皇帝瑾妃的嫁妆。白菜寓意清白，象征新娘的纯洁。菜叶上的纺织娘繁殖力强，隐含着长辈希望新娘将来多子多孙，稳享皇室荣华富贵的愿望。"翠玉白菜"随瑾妃一同入宫，一直摆放在瑾妃居住的永和宫内。国民党撤离大陆时，这颗翠玉白菜随同其他几十万件文物一起被运往台湾。

第六章 兵器：威武的实用

吴王夫差矛

吴王夫差矛，全长29.5厘米，矛身遍饰精美的几何暗纹，被誉为"稀世珍宝"。

吴王夫差是春秋末期吴国国君，吴王阖闾之子，于公元前495年继承王位。阖闾为越王勾践打败，重伤不治而死，夫差立志要为父复仇。后在夫椒（今江苏吴县西南）之战中击败越王勾践，使越降服。公元前482年，夫差在黄池（今河南封丘西南）会盟诸侯，与晋争霸获胜。后因不听伍子胥之言，被越王勾践乘虚攻入都城。他向勾践求和未成，便想到自杀，自杀前，以袂掩面曰："吾无面目以见子胥也！"

1983年，在湖北江陵马山5号墓中出土吴王夫差所用的青铜矛。青铜矛是古代战争中用于直刺、扎挑的冷兵器。由矛头和矛柄组成。矛头多以金属制作，矛柄多采用木、竹和藤等材料，也有用金属材料的。

此矛全长29.5厘米。矛身与剑相似而较短，遍

饰精美的几何暗纹，两面脊上均有血槽，血槽后端各铸一兽头，兽头有空可以系丝绦。矛刃锋利，为同类兵器所少见，亦属不可多得的珍品。而且，吴王夫差剑在湖北、河南、山东均有出土，然而吴王夫差矛则仅此一枚。矛的基部有错金铭文8字："吴王夫差自乍（作）自甬（用）。"意思是，吴王夫差御用之物。由此可知，此矛是吴王夫差使用过的。此矛冶铸精良，保存完好，现藏于湖北省博物馆。

1984年12月，越王勾践剑和吴王夫差矛赴香港展出，被香港各界人士誉为"稀世珍宝"，是我国古代兵器中的"双璧"。吴王夫差与越王勾践在历史上是水火不容的仇敌，千年后，他们的恩怨早已淹没在历史长河中了，他们的兵器也成为了和睦相处的邻居。

越王勾践剑

1965年在湖北荆州市出土的越王勾践剑，寒光逼人，锋利如初，被誉为"天下第一剑"。

勾践（公元前496—前465年），越国国君，即位后不久就被吴国打败。勾践被迫投降吴王夫差，并随夫差至吴国，做牛做马，忍辱负重，以图东山再起。后来，他终于被赦回国，得以重整旗鼓。他重用范蠡、文仲等贤人，使越之国力渐渐恢复起来。此时的吴王对此却毫不知情。

公元前482年，吴王夫差为参加黄池之会，把所有的能兵强将都带去了，仅有太子和老弱的兵士守国。越王勾践乘虚而入，大败吴国，杀了吴太子。夫差听说都城被攻陷后，仓促而返，又被越国打败。最后，吴王夫差被越军围困在姑苏山上，求降不得而自杀，吴亡。

越王勾践平吴，声威大震，成为春秋时期最后一个霸主。

越王勾践剑就是勾践攻打吴国时用的宝剑，于1965年冬天在湖北省荆州市附近的望山楚墓中出土。当时，考古人员在一号楚墓的主棺内，人骨架的左侧，发现了一把装在黑色漆木剑盒内，并配有剑鞘的青铜剑。刚开始他们并未觉得这把剑有什么特别之处，可是当考古人员将剑从剑鞘中拔出来的那一瞬间，所有人都被眼前这把青铜剑惊呆了——在地下埋藏2 000多年后，剑身依然闪烁着炫目的青光，寒气逼人，不见一丝锈迹。当现场有人伸手去摸剑，手指刚一碰到剑刃，殷红的鲜血顿时流了出来。经历了2 000多年的幽暗岁月后，越王勾践剑终于重见天日。

剑长55.7厘米，柄长8.4厘米，剑宽4.6厘米，主要成分是铜、锡以及少量的铝、铁、镍、硫组成的青铜合金。剑首外翻卷成圆箍形，内铸有间隔只有0.2毫米的十一道同心圆，剑身上布满了规则的黑色菱形暗格花纹，剑刃异常锋利，其精磨技艺水平可同现代在精密磨机床上生产出的产品相媲美。剑格（剑格亦称护手，指剑身与剑柄之间作为护手的部分）正面镶有蓝色琉璃，背面镶有绿松石，剑上用鸟篆铭文刻了八个字："越王勾践，自作用剑"。专家通过对剑身八个鸟篆铭文的解读，证明此剑就是传说中的越王勾践剑。

越王勾践剑除了锋利和千年不锈外，更令人感到意外的是剑身有着蛇鳞一样精美的菱形暗纹，这种清晰、均匀的暗纹，用画笔是根本无法做到的。有的专家怀疑是化学外镀技术，而化学外镀技术是近代西方才出现的。宝剑的尾部是圆锥体底座，底座内空，有极其规整的同心圆刻纹，连现代的车床技术都无法实现，2 000多年前的先人是怎么做到的呢？这让专家们感到疑惑不解，也成了考古界未解之谜。

第七章 宗教：出世的向往

山西悬空寺

悬空寺，名列全球十大最奇险建筑之一。

古巴比伦的空中花园，令世人痴迷不已。然而空中楼阁并非只现于传说，在我国的恒山深处，便屹然挺立着这样一座空中楼阁——悬空寺。陡峭的山岩上，不靠任何外力的支撑，轻灵如鸟，却又稳健如山。远观之人提心吊胆，寺内之人却气定神闲，这就是悬空寺给世界所呈现的建筑奇迹。惊心动魄的悬空寺倚靠北岳而建，不仅在气势上有种傲视群雄的凌然，单是那悠久的历史和巧夺天工的艺术之美，就足以令四海宾朋赞叹不绝。

悬空寺坐落于山西大同市境内，始建于北魏王朝的后期，距今已经有1 500多年的历史了。据说悬空寺原名"玄空阁"，是取道家之"玄"，佛教之"空"而得名。后改称悬空寺，是因"悬"与"玄"谐音，加之寺院的确像是悬挂在半山腰上，于是这

一名字便习惯性地流传开了。悬空寺经受住了岁月的考验，不但没有被历史的风尘所埋没，反而变得越来越精神抖擞。它犹如一块璞玉，在不断的磨洗与雕琢中，造就了绝代风华。

悬空寺离地面约有50米，最高处的三教殿离地90米。表面看上去，支撑这些楼阁的只有十几根碗口粗的木柱，给人以摇摇欲坠之感，这正是设计者所要的效果。

悬空寺的构建运用了奇、玄、巧的设计理念。远看悬空寺，很像镶嵌在崖壁上的一块玲珑剔透的浮雕，点缀了单调的万仞群山；近看悬空寺，则似乎觉得楼宇随时都能腾空而起，大有凌空欲飞之势，这就是动静皆宜的悬空寺，带给人们的奇妙视觉美感。要说起悬空寺的"玄"，更能让你大吃一惊。据说在悬空寺刚建成时，本是没有下面这些木柱的，但人们见其没有任何支撑，总害怕走在上面会掉下来，为了让大家放心，这才在寺底下安装了这些木柱。所以后来有句民谣"悬空寺，半天高，三根马尾空中吊"，就很贴切地说明了悬空寺是悬着的。

有了如此玄妙的楼阁，才更能体现出悬空寺的设计之巧。悬空寺的巧，就巧在因地制宜，充分利用峭壁的自然状态来布置和建造寺庙中的各处建筑。设计者将一般寺庙平面建筑的布局和形制，运用在立体的山崖空间中，并且山门、钟鼓楼、配殿、大殿不一而足，真可谓匠心独具。整个悬空寺，共有殿阁40间，如此庞大的规模让其能立于山崖上犹如平地，正是巧妙地运用了力学原理，半插飞梁为基，巧借岩石的力量暗托梁柱，使其与崖壁浑然一体。据说每条木柱的落点都经过了精心的计算，以确保它们的受力重心都是在坚硬的岩石里面，所以即便走在看似架空的悬梯上，也是有惊无险的。

可是在这样陡峭的山壁上，又没有今天复杂的施工机械，古人是如何做到这一切的呢？据专家们的考察，原来当时的工匠先是依

山修建了一条栈道，然后站在这条蜿蜒的栈道上，进行在石壁上凿孔插梁的工作。现在留存在崖壁上用来放置横梁的二十七个石孔，就是最好的证明。虽然当年古栈道的横梁早已不复存在，但这些石孔打凿的痕迹却清晰地留在了崖壁上，像是一枚枚隐形的勋章，纪念着这些胆大心细的无名艺术家们。

　　悬空寺属于木结构古寺，然而木头易腐朽，怕虫蛀，有一定寿命。虽然寺内有些横梁已经略有开裂，却没有腐朽。为什么悬空寺会屹立千年而不倒呢？悬空寺的木质结构又是如何在百年风雨的考验下而不腐朽呢？原来，所有搭建寺庙的木头，都经过了一道特殊的处理。这些木头都用桐油泡过，因此能够不怕风雨腐蚀和虫蛀的危害，即便历经千年仍能坚实牢固地插在石孔中。再加上悬空寺的选址非常巧妙，建在崖壁凹进去的部分，两边突出的山崖是天然的保护伞，避免了风雨侵害，东边天峰岭又遮住了太阳，年平均日照时间仅为两小时，在这样天时、地利、人和的共同维护中，悬空寺得到长存久安。

寺庙内部的架设巧夺天工，令人叫绝。仅仅是屋檐，就有单檐、重檐、抬梁结构、平顶结构以及经典的斗拱结构。这些层层叠叠的宏制巧构，形成三层檐的变化，更不用说细节处的成了一种窟中有楼，楼中有穴，半壁楼殿半壁窟，窟连着殿，殿挨着楼的独特风格。这种布局既不同于平地寺院的中轴突出，左右对称；也不同于山地宫观依山势而错落的格局，而是凌空而构，虚实相生，地方不大却层次众多。当你登临悬空寺，登悬梯，跨飞栈，穿石窟，钻天窗，走屋脊，步曲廊，忽上忽下，左右回旋，既可仰视一线青天，又能俯瞰涧水飞流，那种美妙的体验就如同置身于九天宫阙般飘逸。

云冈石窟

云冈石窟，是中国佛教艺术第一个巅峰时期的经典杰作，被誉为我国三大石窟之一。

云冈石窟造像，北魏时期作品，位于今山西省大同市武周山南麓。云冈石窟依山开凿，绵延约1公里，现存五十三个洞窟及许多小窟，遗存造像51 000余尊。开凿约始于北魏文成帝和平元年（公元460年）。大多数洞窟开凿于北魏文成帝至孝文帝迁都洛阳之前（公元460—494年）。

清代以来，云冈石窟鲜为人知。直到20世纪初，中国著名学者陈垣、叶恭绰，日本人常槃大定等加以报道，这才引起人们的注意。云冈石窟是以早期北魏石窟群为主体的石窟，因此，它对周围各地区石窟有很大影响。与龙门石窟、敦煌石窟并称中国"三大石窟"。

云冈石窟在我国北方地区开凿时间较早，最早开凿于北魏中期，具体开凿年代，一说为北魏文成帝兴安二年（公元453年），一说为文成帝初年（公元452年）。按年代顺序可分为三批石窟。第一批为文成帝初期，昙曜开凿的五窟。昙曜于京西武周山开凿五窟，各刻造佛像一尊。昙曜开五窟处于云冈石窟群的中部，平面皆作马蹄形，穹窿形顶，大体上系模仿印度椭圆形的草庐式。窟中主像形体高大，以三世（过去、现在、未来）佛为主，占据窟中主要位置。从其造像特点，还可以看到印度犍陀罗艺术的某些影响。

这五尊主佛分别是北魏道武、明元、太武、景穆、文成五个皇帝的化身。"昙曜五窟"的窟形在我国也属孤例，窟外壁满雕千佛，窟内造像主尊顶天立地，突出"皇帝即是当世如来"的思想，宣扬皇权与神权的结合。这一时期的造像具有早期艺术的特点。佛面相方圆，深目高鼻，穿着袒肩或通肩大衣，菩萨则头戴高冠，胸佩项圈，饰短璎珞，戴臂钏，袒露上身，下着长裙明显带有早期"犍陀罗"

（印度古国名）艺术的特点。

云冈第二期是云冈石窟造像的最盛期，开凿于孝文帝迁都洛阳以前（公元465—494年）。这一时期所开之窟，即现在的中区及东区的一部分石窟，与前期比较，形制、题材都有所不同，呈现一种清秀雍容、雕饰奇丽的新风格。主要石窟有五组，其中四组为双窟，一组为三窟。

这个时期石窟平面多为方形，有前、后室，可分为佛殿窟和塔庙窟两个类别。塔庙窟中立有塔柱。壁面雕刻多呈上下重层的布局。造像题材多样，大像减少，开始出现世俗供养人行列。北魏孝文帝太和十三年（公元489年）前后，出现褒衣带式佛装，这是孝文帝实行的一系列改革，包括服制改革的见证，反映出北魏孝文帝实行汉化政策的结果。石窟艺术日益趋于中国特有的艺术风格。其中第五窟的主佛，高达17米，是云冈众佛中最大的一尊。

第三批，开凿于迁都洛阳以后至孝明帝正光五年（公元494—524年），主要石窟多分布在20窟以西。这时期多为不成组的中小石窟，补刻小龛较普遍，洞窟内部日趋方整。佛像面容清瘦，长颈，削肩，被称之"秀骨清像"。佛装全为褒衣博带式。

唐代以后，云冈石窟中值得一记的是辽代对云冈各窟的大规模修建。据《金碑》记载：辽代在兴宗耶律宗真和道宗耶律洪基时期（公元1031—1100年），曾在云冈石窟大兴土木，主要是建造通乐、灵岩、鲸崇、镇国、护国、天宫、崇福、童子、华严、兜率十大寺。辽代曾修过大小佛像1876尊，这说明辽代统治者对佛教是重视的。

云冈第三期的石窟造像则已完全中国化，佛及菩萨的面型日趋清瘦，行不露足，雕刻技巧也十分娴熟，成为中外艺术相互融合的典型作品。

雁塔

>慈恩塔下题名处，十七人中最少年。
>
>——白居易

大雁塔与小雁塔并称为雁塔，均为现存唐代的著名建筑。大雁塔原名"慈恩寺塔"，位于陕西省西安市南4公里慈恩寺内。慈恩寺建于唐太宗贞观二十二年（公元648年），是太子李治为追荐母亲文德皇后在隋代废寺故址上建立的佛教寺院。

唐永徽三年（公元652年），慈恩寺住持僧玄奘法师为保存他从印度取回的经籍而提议建塔，在高宗李治的支持下，由玄奘设计并指导施工，建塔于慈恩寺西院。据文献记载，最初为5层方塔，砖表土心，高180尺，塔基四面各宽140尺，建成后，将玄奘西取的梵文经卷和佛像都收藏塔内。后因《慈恩寺三藏法师传》载有菩萨化身为雁而布施僧众的故事，渐改称大雁塔。

玄奘藏经塔存近50年，逐渐坍塌。武则天长安年间（公元701—704年）拆除重建，改为纯青砖10层方塔，后遭战火破坏，毁损3层，余7层。五代后唐长兴年间（公元930—934年）重新修缮，明代又在表面加砌面砖，是为今塔。其位置在长安城东南隅、晋昌坊东部。

塔高59.9米，塔基座东西49.5米，南北48.8米，高4.2米，连底座塔通高64.1米。大雁塔为仿木结构方形楼阁式砖塔，塔身呈方形角锥，造型简洁，比例适当。各层塔壁上都有突出墙外的砖砌隐柱、斗拱、栏额和塔檐。塔内设盘旋而上的楼梯直通塔顶，每层四面都有砖券拱门可向外眺望。

第一层外壁的四面门楣满布阴纹石刻，内容以蔓草、云龙、佛像为主，画面严谨、线条遒劲，尤以西面线刻殿堂图最为著名。殿

堂的重檐、斗拱、筒瓦、檐角铁马及立柱等各种构造细部，都为研究初唐建筑提供了珍贵的形象资料。塔下南壁左右券洞内立有两个唐代石碑：一为唐太宗撰《大唐三藏圣教序》，一为高宗李治撰《述三藏圣教序记》，永徽四年（公元653年）由著名书法家褚遂良书写后镌成。

　　大雁塔是当时最高的建筑，南临杏园、北接曲江池，直插霄汉巍峨耸立，岑参曾在诗中称颂大雁塔说："塔势如涌出，孤高耸天宫""突兀压神州，峥嵘如鬼工"。唐韦绚《嘉话录》载：进士张莒偶过雁塔题名，后人效仿，遂成故事。自神龙年间以后，新进士均有题名雁塔之举，白居易诗："慈恩塔下题名处，十七人中最少年。"即指此举，历代沿袭不辍。"雁塔题名"则成为考取功名或加官晋级的代称。

大雁塔以其雄伟的气魄和丰富多彩的文化内涵，显示着唐代建筑的独特风韵。小雁塔在大雁塔西北2公里处，是唐代大荐福寺内的佛塔。荐福寺原在长安城朱雀门大街东侧的开化坊内，创建于唐光宅元年（公元684年），初名大献福寺，是武则天为唐高宗李治献福而建的佛教寺院，天授元年（公元690年）改名为大荐福寺。小雁塔建于唐中宗景龙元年（公元707年），因小于大雁塔而得名，是密檐式方形砖构建筑，初为15层，明成化二十二年（公元1487年）陕西地震，小雁塔震裂，嘉靖三十四年（公元1555年）再次强地震，塔顶毁损两级，至今为13级。

　　小雁塔通高43米，塔底层每面长11.8米，塔壁不设柱额，每层砖砌成檐，檐部迭涩砖，间以两层菱角牙子，塔窗左右用迭涩砖砌成低矮甲座。塔身逐层收刹，呈舒畅的卷杀轮廓。每层南北有圆形拱门，门楣刻有蔓草花纹和天人供养图像，雕刻精美、线条流畅。全塔造型玲珑秀雅别具一格，与大雁塔相映生辉。

乐山大佛

　　乐山大佛位于四川省乐山市，依凌五山杨鸾峰断崖开凿而成，被誉为"山是一尊佛，佛是一座山"。

　　乐山大佛是中国最大的断崖人佛，在四川省乐山市东凌云山西壁，岷江、青衣江、大渡河三江合流处。岷江源于北方，大渡河由西注入，据说在两河汇流处的崖壁上雕刻这尊大弥勒佛，是为了祈求航行的安全。

　　大佛依凌五山杨鸾峰断崖凿成，又名凌云大佛。《嘉州凌云寺大佛像》记载：夫佛为唐开元元年（公元713年）名僧海通始建，后剑南川西节度使韦皋于贞元十九年（公元803年）完成，前后工程进行了约 90 年时间。

大佛头与山齐，脚踏大江，身高 71 米，头高 14 米，头宽 10 米，肩宽 28 米，颈直径为 10 米，仅大佛脚上的一个趾甲就有 1.5 米，俗谓"山是一尊佛，佛是一座山"。乐山大佛不仅因其体大型巨著名，更重要的是它在雕刻艺术上独具魅力，代表了唐代雍容大度的雄伟气魄，在中国雕刻史上具有划时代的意义。

大佛依山取形，整体感强，高度提炼和概括，完整而坚实的体积首先给人以视觉上的冲击。佛为坐像，端庄肃穆，双手扶膝，对称、安定、丰满，更增添了稳定感。雕刻充分利用自然空间，褐色石崖与背景的自然景物统一中产生变化，自然美与艺术美相辅相成。

雕像可作面面观，从不同角度可以有不同的视觉感受。远望大佛背负青山，俯瞰三江，保佑平安，慰藉众生。近处仰视，大佛巍巍然如佛祖降世，给人以飞升感，深感佛法无边，功德无量。古诗云："如寂照漾空明，终古当留大佛名，伸脚不教河鬼怕，举头都是梵王声。"

乐山大佛在雕刻手法上独具风格。根据其型制和材料特点，因材施艺，突出佛的手、足、头部，其余部分仅取其大势。面部刻画较精细，表情神秘，低眉含目，口唇紧闭，对

于如此巨型雕刻要以形传神，非常难能可贵。头顶是印度婆罗门式右旋螺的发型。俯视高低起伏，如一丛丛万人坟。远望形成一个个凸起的点，与面部对比鲜明。头、手、足是人的主要视点，与通体的石崖层次分明。

唐代盛行佛教造像，盛唐时达到高潮。这座造于盛唐的大佛，体现了唐代雕刻的艺术特色。唐代外来文化与中国传统文化相互融合，早期佛教造像的外来因素已经被传统艺术吸收、消化，尽管乐山大佛的发型还是印度样式，但五官明显摆脱了外来样式，具有汉族人的特征。唐代国力强盛，气势恢宏，才可能有此巨作。虽然经历了1 200年的风雨侵蚀，佛身处处可见杂草树木，但是磅礴宏大的气势一如往昔。

开封铁塔

开封铁塔，位于河南省开封市城区的东北隅，它经历了近千年的沧桑巨变，被誉为"天下第一塔"。

开封铁塔位于开封城内的东北角，铁塔并不是铁结构，而是一座俊秀挺拔的褐色琉璃砖塔，因为其褐色琉璃砖颜色近似铁色，从元代起，民间遂称之为"铁塔"。这座驰名中外的古代名塔已经历了近千年的沧桑巨变，是古城开封的象征。该塔始建于公元1049年（北宋皇祐元年），素有"天下第一塔"的美称。铁塔高55.88米，八角十三层，是开封最高的古代建筑。因塔所处地曾为开宝寺，又称"开宝寺塔"。

铁塔无论是在建筑技术上，还是在砖雕装饰艺术上，都取得了极高的成就。它设计精巧，完全采用了中国传统的木式结构形式，塔砖饰以飞天、麒麟等数十种图案，砖与砖之间如同赴凿，有沟有槽，垒砌严密合缝。建成900多年来，历经战火、水患、地震等灾害，但至今仍巍然屹立，令建筑专家和游人叹为观止。铁塔还是著名的"汴京三胜"（龙亭、古吹台、铁塔）之一，"铁塔行云"则是久负盛誉的"汴京八景"之一，中秋月夜"铁塔燃灯"更是屡为古人称道。铁塔于1961年被列为全国第一批重点文物保护单位。

铁塔底层南面的塔门上，原有一幅写有"天下第一塔"的匾额，足见其高。关于这座高耸入云的铁塔，在民间流传着许多动人的传说。

宋代有一个叫尤添的书生，喜欢四处游览。有一次，他带着小书童慧聪，准备上铁塔俯览汴梁美景。一路上马不停蹄，赶到铁塔下时，主仆二人口渴难耐。慧聪看到塔西北有一户人家，便去讨水。这户人家的姑娘从井边打水回来，正好遇到他们俩，姑娘就舀了一瓢清水递了过去。慧聪接过来，然后把水递给自家公子，可是尤添此时正目不斜视地望着那个姑娘。这姑娘天生丽质，清纯脱俗，望上一眼，就像是到了天上一般，令人心醉神驰。姑娘见尤添如此看她，不觉脸红，挑起水桶转身走了。尤添望着姑娘的背影久久不肯离去。

尤添的心思已经不在观赏美景上了，等到他抬头一望不觉头晕目眩，只见铁塔迎面倾倒下来。尤添拉起慧聪转头就跑。尤添一转身，正看见刚才那个施水的姑娘正要回家，而姑娘的家正好在铁塔倾倒的方向。尤添吓得出了一身冷汗，边跑边喊："铁塔要倒了，姑娘快躲开！"

尤添回到家后，由于惊吓和担心，一下子就病倒了。虽然请了不少名医诊治，但病情并不见好转。在昏迷中，尤添不时地喃喃道："姑娘快躲开。"慧聪知道尤添这场病的来历，他见尤添病情日重，心中万分焦虑。这天，他独自来到铁塔下，想遇见那位姑娘，请她帮忙治好尤添的病。到姑娘家门口时，他遇上了一位老丈，这老丈就是姑娘的父亲。他向老丈述说了尤添得病的经过，老丈听后捋着白须大笑说："不是铁塔倒了，而是因为铁塔太高了，到铁塔跟前向上仰望，往往会感到目眩，产生铁塔倾斜欲倒的错觉，这原本是很正常的。"慧聪听了，深感有理，又向老丈请教怎样才能治好尤添的心病。老丈沉思片刻，叫过慧聪，对他耳语一番，又进屋让女儿写了一个字条，封好后交给慧聪。

慧聪急急赶回家中，一进门就大喊："不好了，昨天晚上铁塔倒了！"尤添在昏睡中听到喊声，神志顿时清醒过来，一骨碌从床上爬起来，急切地追问："砸死人没有？那位姑娘怎么样了？"慧聪一笑说："铁塔是倒向东南方的，那里没人居住，只砸死了一条狗。"说着又取出姑娘写的字条交给尤添。尤添急忙展开观看，纸上用娟秀的字迹写着一首小诗：铁塔似铁入云端，巍然屹立数百年。常来塔下走几回，心病一除得康健。

尤添看过这首署名"秀秀"的诗，知道铁塔根本没倒，秀秀也从未遇到过危险。从秀秀的诗里，还可以看出姑娘欢迎他常去走走的讯息，心病顿消，病也全好了。

今日铁塔，塔基已被泥沙掩埋，但仍有55米多高，登至五六层，就可将古城全貌尽收眼底；登至10层以上，则可见大地如锦绣，黄河似玉带，和风吹来，悬铃清响悠远，令人有置身古代之感。

天坛

　　天坛，无论在整体布局还是单一建筑上，都反映出天地之间的关系，而这一关系在中国古代宇宙观中占据着核心位置。同时，这些建筑还体现出帝王将相在这一关系中所起的独特作用。

——联合国教科文组织

　　天坛是明、清两代皇帝祭天和祈谷的场所，位于北京东城区，在天桥南大街和永定门内大街东侧、正阳门和崇文门以南，始建于明永乐八年（公元1420年）。当时天坛与先农坛均位于城南郊，至16世纪修筑外城时方纳入城内。每年冬至、正月上辛日和孟夏（夏季的首日）皇帝都在这里举行仪式。现在的规模是明嘉靖九年（公元1530年）形成的。

　　天坛的整个组群由内外两重围墙环绕，总面积273万平方米，约等于北京外城面积的十分之一，故宫面积的两倍，是中国现存规

模最大、形式最精美的一处以坛庙建筑为中心的皇家园林，现辟为公园。

天坛有壝（wéi，古代祭坛四周的矮墙）墙两重，呈回字形，北沿为弧圆形，南沿与东西壝墙相交成直角，呈方形。这种北圆南方的形式象征古代的"天圆地方"说，通称"天地墙"。外墙原来只有一座西门，为正门。内墙则有东、西、南、北"四天门"。这内外两道坛墙把整个坛域分为内坛和外坛。内坛建有祭坛和斋宫等。

内坛东西有横墙一道，南为圜丘坛，北为祈谷坛。天坛就是这两坛的合称。内坛的位置并不在外坛的正中线上，而内坛的中轴线，也就是祈年殿和圜丘坛的中心连线，和东西内坛墙的距离也是不相等的，因此形成了内坛位于外坛内偏东，而内坛中轴线又在内坛偏东。

经过这样的安排，内坛轴线和外坛西墙的距离，能够拉长近200米，这样对于原来只有西门出入的天坛来说，能够使祭祀者感到庙园比实际显得更加宏伟广大，而增强了深远感。为了增大空间效果，设计者能摆脱历来的中心对称的设计原则，这在当时无疑是一种大胆而慧心独具的设计。

天坛的建筑，按使用性质分为四组。在内围墙内，沿着南北轴线，南部有祭天的圜丘及其附属建筑；北部以祈祷丰年的祈年殿为主体，附以若干附属建筑；内围墙两门内南侧是皇帝祭祀前斋宿的宫殿——斋宫；外围墙西

134 中国古代艺术珍品

门以内建有饲养祭祀用的牲畜的牺牲所和舞乐人员居住的神乐署。其中圜丘和祈年殿是全部建筑的主体，它们之间以长约 400 米、宽 30 米，以高出地面 4 米的砖砌大甬道——丹陛桥相连。

封建帝王对于天坛的设计，有严格的思想要求，最主要是在艺术上表现天的崇高、神圣和皇帝与天之间的密切关系。例如，圜丘、皇穹宇、祈年殿平面都为圆形；内外围墙和祈年殿、圜丘间的隔墙作弧形，符合了古代"天圆"的宇宙观。圜丘的石块与柱子数目也符合天为"阳"的奇数或其倍数，并符合"周天" 360 度的天象数字。而祈年殿的内外三层柱子的数目，也和农业有关的十二月、十二节令、四季等天时相联系。各主要建筑用蓝色琉璃瓦顶是象征着"青天"。这一系列的处理，给整个天坛蒙上了一层神秘的色彩。

祈年殿门前狭长的庭院与后面大庭院形成悬殊的空间对比，也加大了祈年殿的尺度感。大片的柏树林，在创造肃穆、静谧的环境方面发挥了很大作用，利用姿态挺拔和色调沉静的常绿树所具有的庄严肃穆的品性，作为衬托祭祀建筑氛围的有效手段。无论在天坛西门内的辇道上，或在高高的丹陛桥上，游人都会感到大片苍翠浓郁的柏林，使天坛显得更加神圣、肃穆。天坛作为中国现存的精美古建筑群之一，成为全国重点文物保护单位，并已被列入《世界文化遗产名录》。

第八章 园林：向自然的回归

绛守居园池

> 绛台使群府，亭台参园圃，一泉西北来，群峰高下睹。
>
> ——范仲淹

古绛州系今山西省新绛县，土地肥沃，盛产粮棉，是一块人杰地灵的风水宝地。

古绛城傍丘沿岭，依地势建县城，战国时期名为汾城，隋开皇三年（公元583年）修建为绛部。郡守衙门设立在县城西部高垣上，在州衙的后面即是闻名遐迩的绛守居园池。

绛守居园池系绛州衙府花园，是供太守、官僚、士大夫及其妻室游玩娱乐的地方。唐宋时代的诗人、学者岑参、欧阳修、梅尧臣、范仲淹等曾闲步其间，咏诗作赋，留有文墨，流传至今，传为佳话。此园历代俗称"隋园""莲花池""新绛花园"。

居园池始建于隋开皇十六年（公元596年），

由内军将军临汾令梁轨开创。梁轨在任期间,常常有旱灾威胁百姓,城池附近的井水又多卤碱,既不能饮,又不可浇灌田园。于是他从距县城北15公里的鼓堆泉引来清凉的泉水,开了十二道灌渠,大部分浇灌沿途田地,小部分流入当时刺史的"牙城",从州衙的后面经过,流入街市和城郊,解决了人民饮水和灌溉田园的问题。园内有了大水池后,又建了洄莲亭,旁植竹木花柳,几经添建修饰,居园池的雏形便形成了。居园池历经隋、唐、宋、元、明、清,直至近代,各代官衙州牧都有添建维修。1 300多年的悠久历史,使绛守居园池形成几个大格局和面貌,成为我国园林史研究的重要资料。从隋唐时期的"自然山水园林",到宋元时期的"建筑山水园林",直至明、清时期的"写意山水园林",一脉相承凝成我国北方园林的独特面貌,展现了各个时代独具匠心的造园艺术特色。

　　隋唐时期的园林面貌已荡然无存,只能从唐穆宗长庆三年(公元823年)绛州刺史樊宗师的《绛守居园池记》中寻觅到大概的面貌。隋唐时园池构建以水为主,水面面积约占全园的四分之一还多,是我国北方典型的"自然山水园林"。园中有五个亭轩、一个堂庑和一个园门,建筑形制都很简洁明快。水从西北注入园池,形成悬瀑,好像喷珠溅玉。

　　水池中子午桥贯通南北,池中一亭便是洄莲亭,有两小桥通岸,高高屹立,远望如观"海市蜃楼"一般,池边芳草、蔷藏、翠蔓、红刺相映生辉。

　　池南是井阵形的轩亭,香亭居中傲立,与太守寝室相通。池西南有虎豹门,左壁画猛虎与野猪搏斗图,右壁画胡人驯豹图。池东西建有新亭和槐亭。东流的渠水穿过望月渠,流到尽头,便是柏枝舒展、浓荫密布的柏亭,正东是苍塘,西望水面,正北是横贯东西的风堤,倚渠假池,观望池南亭榭的栏杆楹柱倒映水中,如烛光摇曳、蛟龙缠绕。苍塘西北的高地叫鳌豕（shǐ）原，景色令人惊叹，开阔的天空与苍茫的佳境，配以箫声琴韵，让人赏心悦目。苍塘西是一片茂密的梨林，被叫做白滨，每逢梨花盛开，如素衣女子翩翩起舞。

宋代居园池在唐代的基础上已大有改观，但随着历史的发展，也湮没在滚滚红尘中，仅从宋咸平六年（公元1003年）绛州通判孙冲所作的《重刻绛守导园池记序》中可以找到大致的轮廓。宋时园池水面大大缩减，园中的建筑物已由五个亭轩、一个堂庑、一个门增至十二个亭轩，一庙、一门。水池上跨起高高的品桥，池中玉立的芙蓉、穿梭的游鱼、玩赏的山石构成另一番景观。范仲淹曾在《居园池》诗中写道"池鱼或跃金，水窜常布雨，怪柏锁蛟龙，丑石斗猛虎，群花相倚笑，垂柳自由舞，静境合通仙，清阴不知暑"。这时建园的手法已从唐代的自然山水园林转向建筑山水园林。宋代复建的园池已毁于宋末元初。

明清时期，园池又开始重建。明正德元年（公元1506年），知州韩辙重修洄莲亭；正德十五年（公元1520年），绛州李文洁建嘉禾楼，明嘉靖十二年（公元1533年）改建；清乾隆十八年（公元1754年）知州张成德因楼圮重修；清光绪二十五年（公元1899年），知州李寿芝在旧园池遗址上重加建筑，亭台、榭渠一如旧制。经明清几代人的构建，根据当时的风气，"自然山水园林"又添加了"写意山水园林"的意境。

现存园池基本上是清李寿芝重建，后经民国初修建的风貌。园池的面积已比唐宋时期减少许多。东西长，南北窄，南北最长处71米，东西最宽处是185米，总面积约19亩，与明代"纵二十丈，横四十丈"的史料基本相符。

辋川别业

> 不到东山向一年，归来才及种春田。雨中草色绿堪染，水上桃花红欲燃。优娄比丘经论学，伛偻丈人乡里贤。披衣倒屣且相见，相欢语笑衡门前。
>
> ——王维《辋川别业》

辋川别业是唐代著名诗人和画家王维就天然胜区加以布置而成的自然园林，坐落于陕西省蓝田县西南的辋谷内。别业即庄园的雅称。

王维（公元701—760年），唐代诗人、画家，字摩诘。祖籍太原祁县（今山西祁县），后其父迁居蒲州，遂为河东人。少年时就以文章闻名于世，知音律、善绘画、通佛理、精诗文，以诗和山水画方面的成就最大。他早年仕途顺利，开元进士，官至给事中（官名）。天宝十四载（公元755年）安禄山军攻陷长安，王维未及时出走，被授予伪职，乱平后，降为太子中允，后官至尚书右丞，故世称王右丞。因有身不由己的为官经历，使这位信佛理的抒情诗人仕途淡漠、名利灰心，中年后辞官到辋川的山水林泉间终老，著有诗歌《辋川集》。

辋川别业是在有林泉之胜的山谷地区，因地而筑的天然园林。就其自然地形而言，岗岭起伏，连绵逶迤；幽谷杳然，蜿蜒相连；有泉有瀑，有溪有湖，有濑有滩；有多样的自然植被，有丰富的各种林木；自然景观极为优美。

据《唐书》本传载："维别墅在辋川，地奇胜，有华子冈、欹湖、竹里馆、柳浪、茱萸泮（同'畔'）、辛夷坞"。王维在《山中与裴迪秀才书》中也说："北涉玄灞，清月映郭。夜登华子冈，辋水沦涟，与月上下。寒山远火，明灭林外。深巷寒犬，吠声如豹。……步仄径，临清流也。当待春中，草木蔓发，春山可望。轻鯈出水，白鸥矫翼。"王维通过对自然景物美的感受，着意经营，因景题名。

为了着重突出自然美，使山容、水态、林姿之美能更加集中地表现出来，王维仅在可歇处、可观处、可籍景处相地而筑少许屋宇亭馆，创作出既富自然之趣、又有诗情画意的游憩生活境域。王维以画设景，由景得诗，以诗入画，达到了融会贯通的境地。恰如其在《辋川集》中所云："飞鸟去不穷，连山多秋色（华子冈）""文杏裁为梁，香茅结为宇（文杏馆）""明流行且直，绿筱密复课（斤竹岭）""结实红且绿，复为花更开（茱萸沜）""空山不见人，但闻人语响（鹿砦）""轻舟南坨去，北坨淼难即（北坨）""湖上一回看，山青卷白云（欹湖）""当轩对樽酒，四面芙蓉开（湖亭）""分行接绮树，倒影入清漪（柳浪）""浅浅石榴泻，跳波自相溅（栾家濑）""漾漾澹不流，金碧如可拾（金屑泉）""跂石复临水，弄波情来极（白石滩）""深林人不知，明月来相照（竹里馆）"，此外，还有木兰柴、宫槐陌、辛夷坞、漆园、椒园等区。

无论是从景区的题名，还是从游览的感受来看，辋川别业都充满了淡雅超逸、耐人寻味的诗画境界。山水亭馆，无不惹情牵意。整个辋川别业，恰如一幅层层展开、引人入胜的山水长卷。

辋川别业是唐代规模最大、最为著名的文人园林，它体现了把诗情画意融入园林的文人造园特色。这类园林是在特定地域内以千山万壑、深溪池沼等景象为主体布置游憩生活境域，以冷洁、超脱、秀逸为高超的意境，以便吟风弄月、饮酒赋诗、踏雪寻梅。这样的山居别业是士大夫独善其身、归隐山林的好去处。因此，建造这样的山居庄园在唐代成为一种风尚。

沧浪亭

沧浪亭位于江苏省苏州，因其秀美景色，被誉为"千古沧浪水一涯，沧浪亭者，水之亭园也"。

沧浪亭位于苏州城南，是苏州历史最悠久的古典园林，原为五代时吴越广陵王元璙的花园，于北宋时被著名的诗人苏舜钦买下。沧浪亭是苏舜钦在原来园子的基础上建造的，因感于"沧浪之水清兮，可以濯吾缨；沧浪之水浊兮，可以濯吾足"，题名为"沧浪亭"，自号沧浪翁，并著有《沧浪亭记》。

传说苏舜钦用4万钱买得此园后，他的好友欧阳修听说此事，专门写就一副对联托人寄来。联云：清风明月本无价，可惜只卖4万钱。苏舜钦收到此联，不禁眉头紧皱。这上联意境无限，超凡脱俗。下联"可惜只卖四万钱"却不甚喜欢。苏舜钦觉得欧阳修这是在为

此园叫屈，调侃自己用区区4万钱买了一个大便宜。于是先将上联挂起来，静待来往的文人雅士妙手成偶。到园中做客的虽然不乏饱学之士，可是他们一听说上联出自欧阳修之手，便都不敢班门弄斧，以免贻笑大方。事情就这样搁置下来。

一年秋季，苏舜钦偶感风寒，耽于治疗，最后竟卧床不起。洞庭东西两山的父老乡邻听说以后，提着鲜鱼、鲜果上门探望，嘘寒问暖，乡情浓厚。不久，苏舜钦病体痊愈。一日，他在亭中举杯小酌，想起乡亲们情暖如春，一时来了诗兴，随即凭栏吟道："东出盘门刮眼明，潇潇疏雨更阴晴。绿扬白鹭俱自得，近水远山皆有情。"吟罢，他猛然悟道，如果用"近水远山皆有情"去对"清风明月本无价"，难道不是上乘佳联吗？于是，他立即写信送住滁州，请欧阳修把这个下联补写出来。

欧阳修展信一见"近水远山皆有情"之句，不禁拍案叫绝："果然珠联璧合，天衣无缝！若非满腹锦绣，怎能妙手偶得？"他立即挥毫书联，并专程到苏州去向老朋友道贺。后来，这副对联就被刻在沧浪亭的石柱上，传为一段佳话。

苏舜钦之后，沧浪亭几度荒废，于南宋初年（12世纪初）一度为抗金名将韩世忠的宅第。清康熙三十五年（公元1696年）巡抚宋荦重建此园，把傍水亭子移建于山之巅，形成今天沧浪亭的布局基础，并以文徵明隶书"沧浪亭"为匾额。清同治一十二年（公元1873年）再次重建，遂成今天之貌。现在的沧浪亭虽经历了朝代的更迭，几度兴废，已非宋时模样，但其中的树木苍老森郁，还保持着旧时的风采，部分格局还可窥见宋代园林的遗风。

沧浪亭全园占地1.08公顷，布局自然和谐，一泓清水贯穿其中，波光倒映，潋滟多姿，堪称构思巧妙、手法得宜的佳作，与狮子林、拙政园、留园被列为苏州宋、元、明、清四大园林。

鱼沼飞梁

　　此式石柱桥，在古画中偶见，实物则仅此孤例，洵属可贵。

——梁思成

　　鱼沼飞梁位于山西省太原市的晋祠之内，处于献殿和圣母殿之间，离市区约15公里。桥的平面呈十字形。其造型和结构都非常特殊，在中国的古代桥梁中很少见。千百年来，一直受到专家、学者和广大游人的称赞。

　　鱼沼就是鱼池。飞梁也称板桥，就是桥梁。鱼沼飞梁，既是桥梁的名称，又是对桥梁位置和桥梁形态的生动概括。所谓的鱼沼，就是太原晋祠圣母殿前的矩形水池。这个水池东西稍短，约为15米；南北稍长，约为18米。池的四周用大条石砌成石壁，以储清水。

这些条石长1米，宽35厘米，厚30厘米。水池的北壁开有三个进水洞，以引进朝阳洞、善利泉的泉水。水池的西壁开有六个进水洞，以引进圣母神座下的泉水。水池的南壁开有三个进水洞，以引进难老泉的泉水。鱼沼中的水就是由水池西、南、北三面的泉水和池底涌出的泉水汇集而成的。池中游鱼很多，自古如此，所以被称为鱼沼。水池的东壁还开有两个排水洞，鱼沼中的水就是由此流入晋水，从而成为晋水的第二个水源。

所谓飞梁，就是架设在鱼沼上的一座桥梁，这座桥梁的东西方向为正桥，平坡，长18米，桥面宽6米；南北方向为翼桥，斜坡。两个翼桥的桥身，从正桥桥面两侧至池岸，均长6米，宽4米。从上面俯瞰，这座十字形的桥梁正如一只振翅欲飞的大鹏鸟，所以人们把它称为飞梁。飞梁正桥和翼桥的两侧，都安装了汉白玉石栏杆，朴素典雅。在正桥东头的望柱上，北侧刻有"鱼沼"二字，南侧刻有"飞梁"二字。

整座飞梁由34根八角形的铁青石柱支撑着。这种铁青石柱具有较强的抗酸性能。柱下安有覆盆式莲瓣柱础，柱头上，由下而上依次为枋、大斗、接梁、松木板、油毡、灰土，最上面再铺设方形桥面砖。据考察，接梁由字拱相交组成；松木板为半圆形，厚三厘米；灰土厚5厘米；油毡为1953年维修时新加上去的。木板、灰土等材料和柱础、石柱、枋、大斗等构件一起，使飞梁的支撑设施既坚固又平稳，并富有一定弹性。因此，鱼沼飞梁用料之讲究，设计之周密，施工之精细，确实令人惊叹。

桥东月台上的一对铁狮，为桥梁的附属设施。这对铁狮铸造于宋政和八年，即公元1118年。据此可知，鱼沼飞梁当重建于北宋时期，距今已有上千年的历史了。周代种植的柏树，隋代种植的槐树，唐代刻立的石碑，宋代建造的殿堂和塑造的彩色泥塑像，再加上千古闻名的鱼沼飞梁，以及那些保存完好的明、清建筑，无疑是中国文物精品荟萃之处。1961年，它被国务院列为第一批全国重点文物保护单位。

狮子林

狮子林以太湖石假山闻名全国，一向有"奇石甲天下，叠置尤巧心；直以数弓地，幻作丘壑深"的美誉。

元至正元年（公元1341年），惟则禅师来到苏州。第二年弟子们为他买地置屋建禅林。惟则因师傅明本得道于浙江天目山狮子正宗禅寺，为表明传授之源就命名为师子林菩提正宗寺，简称师子林（狮与师通用）。这就是狮子林最早的雏形。

当时园内万竹阴阴，竹下多怪石，有奇峰形如舞狮，称为师子

峰。另有含晖、吐月、立玉、昂霄等石峰，建筑有禅窝（方丈室）、卧云室（禅房）、立雪堂（法堂），又在宋代遗留的梅树与柏树旁分别建了问梅阁（客舍）与指柏轩（僧堂），还有玉鉴池与小飞虹，共十二景。

许多诗人画家来此参禅，所题禅诗录入《师子林纪胜集》。著名的画有三种，朱德润《狮子林图》，早已失传；倪瓒画狮子林横幅全景；徐贲画十二幅景点图，装成册页。倪瓒与徐贲的画在清代由皇家收藏，近世有延光室影印本，可惜目前不知真迹下落。

狮子林面积约14亩，园内湖面深远，庭院奥幽，石峰玲珑，山道往复，昔人赞曰："名园奥旷兼，妙具诸峰岭。"狮子林以太湖石假山闻名全国，一向有"奇石甲天下，叠置尤巧心；直以数弓地，幻作丘壑深"的美誉。清代学者俞樾在这里感到"五复五反看不足，九上九下游未全"。曾有园林专家评述狮子林假山"盘环曲折，登降不遑，丘壑婉转，迷似回文"。

明洪武年后，禅林荒废，居民杂住，也曾被豪家占有。万历十七年（公元1384年），明性法师持钵化缘要恢复狮子林，为此他请到了皇太后颁发的藏经。长洲知县江盈科发放钱粮，遣散住户，重建旧景，并在其南创建山门、大殿和藏经阁。寺名为狮子林圣恩寺，简称狮林寺。原来奇峰立林的地方，作为了花园。

狮子林在650年的漫长岁月中，它曾因高僧住持、名家绘图而甲领江南；也因康熙乾隆多次临幸、两度仿造而名闻天下；在近代经贝氏重建后又曾以楼台金碧、陈设精美而称冠苏城。

新中国成立后，贝氏后人把狮子林捐献给人民政府。经苏州市园林管理处整修后，于1954年2月对外开放。1963年，狮子林被定为市级文物保护单位。"文革"中，狮子林被改为"朝阳公园"，园内陈设受到一定程度的破坏。改革开放以来，仍用狮子林为园名，逐步恢复家具、楹联旧观，还多次整修道路。1982年，狮子林被定为江苏省文物保护单位。古老的名园以崭新的面貌欢迎八方来客。贝氏族裔、建筑大师贝聿铭曾陪同肯尼迪夫人游览狮子林，1996年，他再次回到家乡苏州，并高兴地在这里过80岁生日。

拙政园

  拙政园，苏州古典园林的代表，是苏州四大名园之一，被誉为"中国园林之母"。

  江南园林甲天下，苏州园林甲江南，拙政名园冠苏州。拙政园在现存的苏州古典园林之中位居第一，是中国四大古典名园（颐和园、避暑山庄、拙政园、留园）之一，和故宫、长城、秦始皇陵兵马俑、曲阜孔庙同是中华文化中的瑰宝。
  1961年3月由国务院公布为第一批全国重点文物保护单位。

1991年4月,又与北京颐和园、天坛一起被国家计划委员会、旅游局、建设部列为全国特殊游览参观点。1997年12月4日,拙政园、留园、网师园、环绣山庄作为苏州古典园林的代表,被联合国教科文组织列入"世界文化遗产名录",成为全人类的共同财富。

拙政园是中国古典园林中私家园林的极致,苏州四大名园之一。苏州四大古典园林根据宋、元、明、清时代顺序排列,依次为沧浪亭、狮子林、拙政园、留园。清代学者俞樾曾以"吴中名园惟拙政""名园拙政冠三吴"来赞誉拙政园。

拙政园南临东北街,北接平家巷,东起道堂巷,西止萧王弄。这一带,三国时有东吴郁林太守陆绩(公元187—219年)的宅第,东晋时有高士戴颙(公元387—441年)的宅园。唐末,诗人陆龟蒙(？—约公元881年)的住宅亦在这里。据史料记载,当时这里"不出郭郛,旷若郊墅",地势低洼,有池石园圃之属。到了宋代,山阴主簿胡稷言又在此建五柳营,他的儿子胡峄取杜甫诗"宅舍如荒村",命名所居曰"如村",可见此地非常广旷。

元大德年间(公元1297—1307年),此地创建为寺院;延祐年间(公元1314—1320年),奉请朝廷,赐"大弘寺"寺额,又曾另外创建东斋。元末大弘寺毁,而东斋独存,即在如今拙政园东部天泉亭一带。

明正德四年（公元1509年），明代弘治进士、明嘉靖年间御史王献臣仕途失意归隐苏州后将其买下，聘著名画家、吴派的代表人物文徵明参与设计蓝图，历时16年建成，借用西晋文人潘岳《闲居赋》中"筑室种树，逍遥自得……灌园鬻（yù，卖）蔬，以供朝夕之膳……是亦拙者之为政也，"之句取园名。暗喻自己把浇园种菜作为自己（拙者）的"政"事。

今天的拙政园占地面积52 000平方米，距离明正德四年（公元1509年）建园，已有近500年的历史。拙政园建园之时，园中有若墅堂、梦隐楼等三十一景，茂树曲池，胜甲吴下。此后分合兴衰，屡有变迁，至今由东部、中部、西部和住宅四部分组成。

拙政园园西设有盆景园，有桩景七百余盆，大多为中国四大盆景流派之一苏派盆景的代表作品。拙政园南部住宅是典型的苏州民居。中轴线上四进厅堂为苏州园林博物馆，设有园源、园史、园趣、园冶四部分，展示了苏州古典园林2 000余年的发展进程，是中国第一座以江南古典园林为专题的博物馆。

颐和园

颐和园位于北京市海淀区，是中国现存规模最大、保存最完整的皇家园林，中国四大名园之一，被世人誉为"皇家园林博物馆"。

颐和园，原名清漪园，是清代继圆明园、避暑山庄之后建造的第三个、也是最后一个规模宏大的皇家园林。

颐和园由万寿山和昆明湖构成山水主体，占地290公顷（2.9平方千米）。其中水面215公顷，占全园面积的四分之三。以万寿山为中心,前山有728米彩色长廊、排云殿、佛香阁、智慧海等著名建筑。昆明湖上有十七孔桥、知春亭、凤凰墩等。东宫门内有仁寿殿、德和园、乐寿堂、玉澜堂等一系列建筑。

后山苍林修竹,一派清幽。东北角的谐趣园仿照无锡寄畅园而建,把江南园林情趣带到了北方。西有杨柳夹道的长堤,依依杨柳,一直延伸到山穷水复处。

颐和园经历了悠久的历史和多次建造的经历。金朝贞元元年(公元1153年),金主完颜亮在此首设行宫,称昆明湖为金水池、万寿山为金山。元代称金山为瓮山,山名缘于一位老人在山上得一瓮的传说,同时改金水池为瓮山泊,又名大泊湖、七里泊,俗名西湖、西海子。这时期沿湖陆续有园林建成,如瓮山脚下的好山园就是其中较大的一个。

明朝于瓮山上建圆静寺,正德年间,皇室改建前朝行宫旧所为"好山园"行宫,并一度改瓮山为金山,改瓮山泊为金海,统统收入好山园内,成为京都郊游胜地,并有西湖十景之谓。至明末清初,

瓮山西湖一带渐渐荒废,园林残破。

清朝乾隆十五年(公元1750年)起,开始对西湖进行大规模的疏浚。同时于瓮山建大报恩延寿寺,以贺其母60大寿,并对全园山水进行统一规划,建成一座依山傍水、风景优美的大型皇家园林。造园历程近十二年,于乾隆二十九年(公元1764年)完工。从此,西湖改名为昆明湖,瓮山改名为万寿山,全园统称"清漪园"。以后,嘉庆、道光两朝亦有少许增修。

咸丰十年(1860年),英法联军入侵北京,使清漪园与圆明园一道化为灰烬。光绪十四年(1888年),至光绪十七年(1891年)间,慈禧太后挪用海军军费重修清漪园,并改为颐和园,意为颐养冲和之园。重修的建筑基本上依样在原址上复原,但由于人、财、物力所限,只集中修复了前山部分。

光绪二十六年(1900年),八国联军攻进北京,颐和园又一次惨遭劫难。第二年,慈禧太后再次动用巨款修复了残损的颐和园。辛亥革命后,颐和园归属末代皇帝溥仪,后于"民国"三年(1914年)首次向公众开放。"民国"十三年(1924年)辟为公园。中华人民共和国成立后,人民政府对颐和园不断修葺整理,逐步恢复了壮丽风貌,并定为全国重点文物保护单位。

颐和园大体可分为宫殿区、前山前湖景区、后山景区。宫殿区位于万寿山东面山麓,是以方整的建筑院落组成的靠山临湖建筑群。

宫殿区包括入口朝房、前朝（仁寿殿等）和后寝（乐寿堂、玉澜堂等）。前朝部分以东西向轴线为中心，基本按皇宫建筑的形制布局，后寝部分则改为南北向轴线布置，并紧贴湖面。沿湖建筑结合昆明湖东岸景致的轮廓线变化，错落有致地安排布局，配以花饰灯窗和汉白玉雕栏等，精美华丽，处理得极为巧妙。

前山前湖景区包括万寿山南麓轴线分明的佛香阁建筑群和波涛浩渺的昆明湖区，以及点缀各种游娱性园林建筑的前山。昆明湖仿杭州西湖，筑西堤、建六桥，并承袭了历代皇家御苑传统的"一池三山"布局，在湖中堆成南湖岛、治镜阁和藻鉴堂三岛，追求"海中仙山"的意境。前山前湖景区约占全园面积的十分之九，辽阔的昆明湖横陈于万寿山南坡，园外的玉泉山塔影、西山岚光、沃野平畴等均可借景入园，山水景观空间极为开阔。昆明湖湖畔蜿蜒728米的彩饰长廊，共有二百七十三个开间，是中国古典园林中最长的游廊。它不仅把前山的排云殿、宝云阁（铜亭）、听鹂馆、画中游、清晏舫（石舫）等主要风景建筑联为一体，而且也是雨雪天漫步赏景的绝好去处。湖东知春亭，据岛临湖，垂柳环绕。每当春日融融，风光令人心醉。汉白玉石砌的十七孔桥，犹如一道长虹飞架湖心，从东岸连接着绿荫掩映的南湖岛。桥头还有我国古典园林中体量最大的亭子——廓如亭，和造型生动的铜牛。昆明湖中纵贯南北的一线长堤，装点着秀丽多姿的"西堤六桥"，景致胜似杭州西湖。

后山景区以宏伟壮观、金碧辉煌的仿藏宗教建筑群（须弥灵境、四大部洲等）为主体，辅之以高低错落、精巧玲珑的若干山居别墅和曲水萦绕、收放有致、高林深谷、幽谧野趣的后溪河，以及仿无锡寄畅园建造的"园中之园"——谐趣园，构成与前山开朗旷远空间相对比的幽远空间，极富山林情调。后山中段仿苏州水街形式临水修筑的买卖街，更增添了园中的民间生活色彩。

颐和园是个以帝王君权神授、君临天下和藏奇纳胜的造园思想为指导，巧于相地借景和规划经营的离宫型自然山水园。其艺术风格主要表现在以"人化自然"的大型山水风景为主题，创作天然野趣与帝王至尊相结合，宗教气氛与世俗风味相融洽，园居听政与寄情山水相统一的游憩生活境域；含理于情，寓情于景，情景交融，达到极高的园林艺术境界，在世界园林史上享有盛誉。

第九章 桥梁：通往彼岸的制作

赵州桥

> 赵州石桥甚工，磨砻密致如削焉。望之如初日出云，长虹饮涧。
>
> ——张鷟

赵州桥位于河北省赵县城南2.5公里处，横跨洨河南北两岸，因为赵县古称赵州，故名赵州桥，亦称为"安济桥"，俗称"大石桥"。赵州桥建于隋开皇大业年间（公元605—617年），据唐代张嘉贞《大石桥铭序》记载，赵州桥由工匠李春所创，是中国现存年代最早的石桥，也是当时跨度最大的拱桥。赵州桥为单孔大弧券石拱桥，全长50.82米，桥面宽9.6米，拱券矢高7.23米，大拱两侧各有两个小拱横跨券背，构成了空腔式拱桥，桥面弧形平缓，桥身两端厚、中间薄。这样的桥梁结构不仅节省材料，而且减轻了桥身自重和对桥基的压力；水流增大时，四个小拱可增大排水量，减轻水流对桥身的冲击，正如张嘉贞所说："两涯

嵌四穴，盖以杀怒水之荡突"。四个小拱还为大桥整体造型增添了玲珑秀美的风采。这种空腔式拱桥体现了高超的工程技术水平，在欧洲直到14世纪才出现同样结构的桥梁，19世纪中叶才逐渐盛行，赵州桥空腔大弧券结构的完成早于欧洲700多年，是世界桥梁史上的创举。

大桥主拱采用纵向并列法砌筑，由28道相互独立的拱券并列而成，每道单拱均由0.33米宽的券石砌成，券背上用铁质银锭榫相互勾结联络，每隔5米有一根铁条横拉单券。这种纵向并列的拱券便于施工，并有利于后世修缮：在某一单券损坏时，不致影响建筑整体。

赵州桥自隋代创建以来，历经数代多次修葺，并对桥上栏板、望柱做过多次更换、增修。大桥附近曾发现三十多块断碑和石刻残块，多为隋唐至元明历代修桥记、修桥人题名和咏桥诗句。可查考确凿的修桥年代就有唐贞元九年（公元793年）、金大定二年（公

元1164年）、明嘉靖四十二年（公元1563年）、嘉靖四十三年（公元1564年）等四次。新中国成立以后，1955—1958年曾对大桥进行全面整修，尽量依初建原状修缮，使大桥面目一新。

　　桥面两侧的石刻栏板、望柱、柱头及撞拱石，都是古代雕刻艺术的杰出作品，是中国雕刻史的重要资料。截止到50年代初期，桥上栏板建筑卷望柱已面目皆非，初建时的原貌荡然无存。1953—1956年，考古工作者在桥下进行了大规模的发掘考察，发现了一批石刻附件，既有隋代原物，又有唐、五代、宋、明、清历代石刻遗物，形成了一部大桥石刻的历史资料。其中隋代栏板上雕有奔龙、交龙、绞龙等多种形象，又以双龙钻穿栏板的浮雕最为奇特：两龙龙身相对、龙首相背、作互相推拏（ná）状，后尾紧贴板面合力钻穿，极为生动精彩。又有两龙相交石刻，龙呈奋力奔走状，口吐波浪卷花，遒劲挺拔、流畅紧凑，反映了古代雕刻艺术的精巧构思和精湛的工艺水平。50年代重修大桥时，均按照隋代原物加工复制，使大桥重现初建时的风采。

　　赵州桥造型雄伟壮美、工艺精湛先进，不仅具有较高的科学价值，还具有丰富的审美意义，享誉闻名中外。当地流行的"华北四宝"民谣说："沧州狮子应州塔，正定菩萨赵州桥"。赵州桥从科学、艺术、历史等方面都体现了卓越的成就。

宝带桥

　　宝带桥，位于江苏省苏州市吴中区长桥镇，是中国孔数最多的石桥，被誉为"中国十大名桥"之一。

　　苏州的宝带桥是中国乃至世界桥梁建筑史上一大杰作。它用坚硬素雅的金山石筑成，主体部分有53孔，长249.8米，北端砌驳引道 23.2 米，南端砌驳引道 43.8 米。全桥总长近 317 米，桥宽 4.1 米，桥端宽 6.1 米；跨径最大的有 6.95 米，最小的也有 3.9 米；除第十四至十六孔外，跨径平均为 4.6 米。桥从十三孔开始逐渐隆起，到十五孔为最高点，达 7.5 米，用以通行大船，也使桥形富有变化。桥两端原各有石狮一对，现仅存北端一只。北端有石塔和碑亭各一座，塔高约 3 米，亭内有清代张松声的碑记。第二十七与第二十八孔间的桥墩上，也有一座相同的石塔，已毁坏。宝带桥孔数之多，桥之长，结构之精巧，在中外建桥史上都是少见的。

宝带桥是中国孔数最多的石桥。它共有桥孔五十三个。宝带桥的名字是因唐刺史王仲舒捐献宝带资助建桥而得名。它始建于唐元和十一年至十四年（公元 816—819 年），位于运河西侧澹台湖口上。它是苏州至杭州、嘉兴、湖州陆路的必经要道，又是太湖通往运河及吴淞江的一个隘口。

宝带桥兴建的缘由，要远溯到隋唐时期。隋王朝为大规模发展漕运，于大业六年（公元 610 年）开凿运河南段，自镇江经苏州到杭州，全长八百多里，名"江南河"。唐朝取代隋朝后，依旧定都于陕西长安，虽然陕西有渭河平原，但耕地毕竟有限，于是，需要运输东南的稻米到陕西去。而南运河自然而然就承担了整个京师用粮的运输任务。为了改善漕运条件，广筑纤道刻不容缓，特别是运河岸边的纤道。

千百年来，江南地区主要靠水路运输，在船只载重大、吃水深，又无机械为动力的条件下，仅凭风帆橹篙，运行缓慢，而靠人力背纤可加快穿行速度，解决逆水行舟的困难。江南多河，运河纤道常常被水网、溪塘所阻挡，纤道上必须建桥，才能各行其道，建造和维护纤道势在必行。宝带桥正是为适应这种需要而兴建起来的，它是隋朝开凿的大运河南段（江南河）边上的一座纤道桥。主要作为运河"挽道"的宝带桥，不宜建成常有的如驼峰隆起的石拱桥，宜

于采用跨径小的多孔、狭长和平坦的桥形。为了排泄诸湖之水，桥墩也筑得较狭窄。

宝带桥建成于唐元和年间，其后维持了400余年之久，到了南宋末年的绍定五年（公元1232年）又重建。重建后100年，桥又倒塌。到了明朝正统七年（公元1442年）再度重建。经过四年的努力，于正统十一年（公元1446年）冬十一月落成。史料记载："桥长一千二百二十五尺（约合480米），其洞下可渡舟楫者，凡五十有三，而高其中之三，以通巨舰。用材为石两万两千丈（约合7 333米），木四万两千五百株，灰二十四万三千六百斤，铁一万零四百斤，米二千六百石。"当时的桥形就是现存的形式了。

宝带桥采用的这一类桥墩易于变形，属于柔性墩。只要一孔的拱券上有荷载，就要牵动两边的桥墩并使之产生变形，从而把力和变形传到其他各孔上去。一孔受力波及全桥，"连续拱桥"（简称"连拱桥"）的名称即由此而来。宝带桥从北端起的第二十七号桥墩，是由两个桥墩并立而成的，上面还放置着"镇妖"石塔，它就是刚性墩。

从拱券的构造来看，宝带桥也反映了中国古代桥工的杰出创造。拱券是由一条条弧形的板拱石并列砌筑而成，板拱石的端点之间设有横向长铰石，板拱石两端各琢有石榫，插入长铰石上预留的榫眼，互相结合。榫眼较石榫略大，榫在眼中容许有微小的移动和转动。这种长铰石的作用可以近似于铰链，板拱石之间可看成铰链式的连接。宝带桥这一类拱券，后人将它归类到多铰拱。多铰石拱桥有一种独特的优点：当拱桥发生温度变化、基础沉陷或承受不对称的活荷载（车、马、人群等）时，各条板拱石的石榫能在长铰石的榫眼里做微小的运动，自动对拱圈的形状做微小的调整，使拱圈的受力有所改善。边墙、填料除了能起支托路面的作用外，还多少有助于增加多铰石拱桥的刚度。

宝带桥桥跨（最大跨为6.95米）与墩宽比是11.6:1，从而使桥下泄水面积达85%，居世界古拱桥的首位。古罗马及欧洲的古石拱桥都采用厚墩，英国在13世纪初建成的老伦敦桥，桥跨与墩宽的比是1.3:1，桥型显得笨重，粗大的桥墩不利于泄洪。直到18世纪法国桥梁大师贝龙（1708—1774年）从理论上证明桥跨与墩厚比可以达到12:1—10:1，根据这一理论，欧洲才出现了薄墩桥，但还是不及宝带桥桥墩薄，可想而知中国古人的智慧是遥遥领先于世界的。

卢沟桥

世界上最好的、独一无二的桥。

——马可·波罗

卢沟桥在北京市西南永定河上，初建于金大定二十九年（公元1189年），建成于明昌三年（公元1192年），为中国北方现存古桥中最长的石拱桥。卢沟桥全长266.5米，桥体构造是十个长达5米左右的桥墩，上筑拱券，自拱券脚以上垒砌六层厚达1.83米的大石板，形成桥面、平面为船形的桥墩迎水流方向设分水尖，每个分水尖上安设了一根约26厘米长的三角形铁柱，以其锐角迎水，这就是传说中的"斩龙剑"。它可破冰分水，减轻洪水流冰对桥体的压力。

　　桥的东头有石狮一对，西头有石象一双，桥头还有汉白玉雕成的御碑亭。卢沟桥栏的石狮雕刻更是享誉民间，桥栏望柱头满布大小石狮，有"卢沟桥的狮子——数不清"的歇后语。桥上共有二百八十一个神态各异的大石狮，有的昂首挺胸，向天咆哮；有的双目圆睁，煞是威风；有的侧目转首，好像是在迎来送往；有的凝眉注目，好像对数百年的风雨沧桑若有所思。

　　近三百个狮子雌雄分明，雌的大多在抚弄小狮，雄的抛滚绣球。

大狮子上还刻有许多小狮子，在狮子身上爬上爬下，享受父母之爱。小狮子们嬉戏玩耍，千姿百态，神灵活现，据统计大小狮子共有五百零二个，其雕刻之技，粗犷但不粗糙，简练而不简单，刀斧之中见真功，神态之中见匠心，可一窥北方石刻艺术的精神，堪称建筑雕刻之精品。

卢沟桥自建成至今，已近800年之久，之所以能巍然屹立，坚如磐石，与其建造技术有关。据书载，卢沟桥"石工鳞砌，锢以钢钉，坚固莫比"，其独到之处还在于桥梁基础下打桩，增加河床泥沙的抗压力，减少桥基下沉，十个桥墩的高差仅在10厘米左右，可见设计与施工的精良，实在令人叹为观止。

卢沟桥所在地区是燕蓟交通要冲，是人们进出华北平原的要塞。卢沟河是永定河的一段。它湍急的河流把这一地带分成两部分，由于经济和军事上的需求，这里早在战国时代就成为重要的渡口。宋朝已根据河水的涨落，安设木桥浮桥和渡船，随着经济的发展，来往商旅日益频繁，两岸旅舍商埠随之增多，水上交通更加拥挤，使造桥显得十分必要。金代完颜亮建都中都（北京），这一带成为租税和财物进都的主要通道。金世宗后期下令修建卢沟石桥，章宗大定二十几年始建，建成后敕名曰"广利"，但人们习惯因河道起桥名，称之为卢沟桥，并且广为流传，皇帝的命名却随历史的进程而渐被遗忘。

卢沟桥以"卢沟晓月"列为燕京八景之一，在桥东头的碑亭内有清乾隆皇帝所题"卢沟晓月"碑，卢沟晓月并不是卢沟早晨的月色格外优美，而是因为往来燕京门户的行人多在五更看到月色，故有"五更他处不见月，唯有卢沟桥见之"的说法，晓月之美古人有诗赞之："沟声流月漏声残，咫尺西山雾里看，流星寥落曙光塞"。距今800余年的古桥，基本结构仍完好无损，当年意大利人马可·波罗的赞誉"世界上最好的、独一无二的桥"，卢沟桥确实当之无愧。

第十章 陶瓷：燃烧的激情

秦兵俑、铜车马

1974年3月在秦始皇陵兵马俑坑出土的秦兵俑、铜马车，以其精湛、高超的制作工艺被誉为"世界第八大奇迹"。

世界上很多国家都有殉葬的传统，在科学技术不发达的古代，甚至有以活人殉葬的风俗习惯。在中国古代也有用活人殉葬的野蛮制度，秦汉以后有所收敛，往往代之以木俑、陶俑。被称为"世界第八大奇迹"的秦兵马俑，就是以陶俑、铜马来代替活人、活马殉葬。

1974年3月初，陕西临潼县西杨村村民为了抗旱，开始找地方打井。其中一位姓杨的村民在骊山脚下的柿树园西边的地上画了圈，开始挖井。当他挖到1米多深时，出乎意料地发现了一层红土。这层红土异常坚硬，又一镢头下去，只听到"吭"的一声，火星溅出，却无法穿透。原来这是一层大约30厘米厚的黏合状红土，异常坚硬瓷实。一个

星期后，这口直径不大的井才挖了4米深。到了这月29日，在井下挖掘的村民被眼前挖到的东西吓呆了，那是一个他从未见过的，极为恐怖的陶制人头，只见这个人头顶上长角（发束），两目圆睁，紧闭的嘴唇上方长着翘卷的八字须。后来，经考古工作者的发掘，才揭开了埋葬于地下2 000多年的秦俑宝藏——兵马俑。

兵俑多用陶冶烧制的方法制成，先用陶模做出初胎，再覆盖一层细泥进行加工刻画加彩，有的先烧后接，有的先接再烧。当年的兵俑各个都有鲜艳的颜色。工作人员在发掘过程中发现有的陶俑刚出土时局部还保留着彩色，但是出土后由于氧化，颜色不到一个小时便消尽，化作白灰。现在人们只能看到兵俑上残留的彩绘痕迹。

兵俑的车兵、步兵、骑兵列成各种阵形，整体风格浑厚、健壮。如果仔细观察，他们的脸型、发型、体态、神韵均有差异。整体上兵俑们各个镇静端庄，且仪态英武，有一种一往无前的英雄气概，形象地再现了秦始皇"灭六国，天下一"的雄壮军容。陶马有的双耳竖立，有的张嘴嘶鸣，有的闭嘴静立。所有这些秦始皇兵马俑都富有感染人的艺术魅力。

从身份上区分，主要有士兵与军吏两大类，军吏又有低级、中级、高级之别。一般士兵不戴冠，而军吏戴冠，普通军吏的冠与将军的冠又不相同，甚至铠甲也有区别。其中的兵俑包括步兵、骑兵、车兵三类。根据实战需要，不同兵种的武士装备各异。

铜车马的出土也让人大开眼界。其工艺之复杂，制作之精巧，技艺之高超，无不令人惊叹。其中二号铜车马更是一件难得的艺术珍品。二号铜车马车舆接近正方形，宽78厘米，进深88厘米。车内设备富有特色，有美丽的彩绘软垫。车舆底部发现一块方形大铜板，铜板表面彩绘着各种鲜艳的几何形图案花纹，下面四角和中部有八个3厘米高的铜支钉支撑。这辆铜车马总共由3 462个铸件组成，其中铜铸件1 742件，金铸件737件，银铸件983件，总重量达1 241公斤。其中金铸件3公斤多，银铸件4公斤多。

车上所有的零部件全部是铸造而成。而这许许多多个零部件无论是大至2平方米以上的篷盖、伞盖及车舆、铜马、铜俑等，还是不足0.2平方米的小管都是一次铸造成型。篷盖与伞盖不仅面积大，而且薄厚不一，厚的地方为0.4厘米，薄的地方仅有0.1厘米，再加上篷盖、伞盖，都有一定的弧度，这样难度大的篷盖、伞盖能一次性浇铸成功，不要说在2 200年前的秦代，就是在科技发达、设备齐全的今天也并非易事。

铜马的铸造也令当代的工程师望尘莫及。铜马的笼头是由82节小金管和78节小银管连接起来，每节扁状金银管长仅0.8厘米，一节金管与一节银管以子母卯形式相连接，其精细和灵活程度较之现代的表链毫不逊色。还令人感到惊奇的是那马脖子下悬挂的璎珞，这些璎珞全是采用一根根细如发丝的铜丝制作的。专家们用放大镜反复观察，惊奇地发现铜丝表面无锻打痕迹，粗细均匀，表明很可能是用拔丝法制成。尤其是以铜丝组成的链环，是由铜丝两端对接焊成，对接面严丝合缝。如此纤细的铜丝（0.5毫米）到底是用什么方法制作？采取什么样的工艺焊接？目前还是一个谜团。总之，秦兵马俑是古代中国人智慧的结晶，是了不起的奇迹。

击鼓说唱俑

　　1963年，四川郫县宋家林东汉墓出土的击鼓说唱俑，是迄今为止发现的汉代说唱俑中最完整的一件。

　　中国的"说唱"艺术早在周代就已经产生了，最初的说唱内容是一些诗歌和神话传说。到了汉代，汉朝皇帝借鉴秦灭亡的教训，采取"无为而治"的国策。经过文景之治后，人民得以休养生息，生活逐渐安定富足，于是有了更高的精神文化需求，说唱、杂技、乐舞等民间艺术便逐渐繁荣起来。

　　当时人们将说唱艺人称为"俳优"。颜师古注《汉书》时写道："俳优侏儒，倡乐狎玩者也"。俳优在表演艺术方面主要有以下两个特点：在语言方面，俳优具有诙谐风趣、引人发笑的艺术特点。在表演形式方面，俳优往往善于模仿、扮演各种人物。他们的表演形式是谈笑或击鼓歌唱，表演特征是诙谐幽默、滑稽逗乐，类似今天的相声、滑稽戏。

　　1963年，四川郫县宋家林东汉墓出土的击鼓说唱俑，以写实主义的手法刻画出一位正在进行说唱表演的艺人形象，反映出东汉时期雕塑的艺术成就，具有很高的艺术价值。同时它也证明，早在东汉时期，说唱艺术已经成熟并广泛流传于民间。

　　此俑通高55厘米，人物身材矮小，显得憨厚可掬。头上戴

166 中国古代艺术珍品

有当时流行的软帽，赤膊上场，肌理清晰可见，下身穿一件肥大的长裤，光着脚，脚趾头从长裤下面露出，左臂环抱一扁鼓，右手举槌作欲击状。神态诙谐，动作夸张，是一件富有浓厚民间气息和地方风貌的优秀雕塑作品。

这件击鼓说唱俑是迄今为止发现的汉代说唱俑中最完整的一件。它可爱的外形，鲜明的神态，充分体现了汉代陶俑简单凝练、形神兼备的典型特点，再现了汉代的说唱艺术。

击鼓说唱俑不但是中国雕塑艺术史上的杰出作品，也是中国曲艺艺术发展史上的重要实物资料。说唱俑对于研究古代"俳优"和话本小说等民间艺术有重要价值。现藏于中国历史博物馆。

唐三彩陶马

中国历史博物馆收藏的唐三彩陶马，造型生动，装饰华丽，是三彩中不可多得的精品。

唐三彩陶马，制作于唐朝，高54.6厘米。1957年出土于陕西省西安鲜于庭诲墓，现藏于中国历史博物馆。

此马造型生动，装饰华丽。它昂首站立，威武强壮，双目圆睁平视前方。马身为白色，额上的长鬃分梳于两侧，颈鬃修剪得十分整齐且留有三花。四蹄为棕黄色，马尾折系向上弯曲，马鞍上披有深绿色绒毯，两端长垂至腹部。马的胸前股后饰以绿色革带，带上有黄色八瓣花朵，鞍上垂挂有金铃。铃间装饰着带黄点的蓝色流苏。后鞧（qiū，套车时络在牲口股后尾间的皮带革）带交结于尻上，两侧有杏叶形的垂饰，头上的辔饰整齐，口含衔勒嘴角两侧有带角形镳，额顶正中立缨形饰物。此马的装饰极为精彩，是三彩中不可多得的精品。

艺术来源于生活。马是唐三彩中最常见的题材，在唐代的用途也是非常广泛的，旅行、作战、运输、狩猎等活动都离不开马，人们对马的神态、形象、动作观察得十分细致入微，所以马也就成为当时陶瓷艺人们非常熟悉并塑造得最为成功的对象之一。唐三彩马的特征一般是头小颈长，膘肥体壮，比例准确，骨肉均匀，神丰气足，或仰啸，或饮或立。色彩也极为富丽，釉色莹润明亮，体现了唐朝的时代风格。

唐三彩的釉色为何如此自然而又斑驳灿烂呢？特别是在地下沉睡了千年之久，它的釉色还是那样光彩夺目，这主要是由于它的制作工艺独特。唐三彩的胎料是白色黏土，以含铁、铜、钴、锰等金属元素的矿物质作釉料的呈色剂，例如铁元素的呈色是褐红、浅黄、赭黄，而绿色则是铜元素的呈色，蓝是铜或钴的呈色，紫色是锰元素的呈色，而白色则是铅的化合物与含铁量低的白色黏土配制而成的。由于釉料配以大量钴的化合物，可以降低釉料中的熔融温度，且增加了色泽的光亮。釉料在受热过程中，向四周扩散流动，各种颜色互相浸润交融，于是形成了鲜艳悦目的彩色釉。

另外，唐三彩陶器需经过素烧和烧釉两次焙烧。素烧即烧胎，一般为1 000摄氏度左右。第二次称烧釉，即陶工在经过素烧的胎体上，用毛笔涂上几层釉料后，再入窑进行二次焙烧。烧成温度为800摄氏度左右。

汝窑三足洗

    紫土陶成铁足三，寓言得一此中函。易辞本契退藏理，
    宋诏胡夸切事谈。

——乾隆皇帝

汝窑为宋代五大名窑之一，宋人笔记多有记载，诸书均指明汝

窑的产地在汝州。到20世纪80年代，考古工作者在宝丰县发现汝窑线索。1987年10月—12月，河南省文物研究所对宝丰县大营镇清凉寺村汝窑遗址进行考古钻探与试掘，调查结果证明：窑址规模在25万平方米以上，保存尚好的有9万多平方米，汝窑特征明显的残器出土20余件，与传世汝窑瓷器相同，说明清凉寺窑就是曾为宋宫廷烧造瓷器的汝官窑。

汝窑传世品主要藏于北京故宫博物院、台北故宫博物院和上海博物馆中。其釉色为一种淡天青色，如湖水反映出的蓝，俗称鸭蛋壳青色，胎为香灰色，大部分器物裹足支烧，不露釉，底有小如芝麻点的支钉痕，做工十分讲究，釉色柔和文静，真正达到了玉的美感。这种釉色质感的烧成，有相当大的难度。现代陶瓷科学家通过科学研究发现，青瓷釉的乳浊性与钙长石析晶多少相关，而钙长石析晶的多少则与化学组成和烧成温度相关。1 125摄氏度时钙长石析晶最多，超过1 250摄氏度时则残留很少，要想使釉色达到玉石般的乳浊感，必须控制烧成温度在1 125摄氏度到1 200摄氏度之内，而且需要较长时间的保温过程，以催化钙长石的析晶。汝官窑的陶工成熟地掌握了此项烧制技术，得心应手地烧造出精美如玉的汝官窑瓷器，实在令后人钦佩。

汝官窑产品多有开片，釉面开片，本是因釉的收缩率大于胎的收缩而出现的一种缺陷，就像胖人穿瘦衣服，这种开片在宋以前的陶瓷中也有出现，但陶工均作为一种缺陷尽量避免它的出现，而宋代陶工则顺其自然，将其控制在一定范围内，反丑为美，形成错落有致、妙趣横生的装饰手段。宋代有哥窑、汝窑、钧窑、官窑、定窑五个最著名的窑口，其中官窑、哥窑、汝窑均有开片现象。但三窑的开片也略有差异，哥窑多金处铁线，官窑多大冰裂纹，汝窑则疏密有致。

汝窑三足洗，北京故宫博物院藏品，高36厘米，口径18.3厘米，足距16.7厘米，洗直口、平底，里坦平，底下有三足，洗内外满釉，外底均匀分布五个细小的支钉痕，小如芝麻，十分清秀，是典型的汝官窑烧法。釉色纯正呈天青色，温润如玉，釉面则开细碎纹片。规整的造型，纯正的釉色与釉面的细碎纹片形成对比，使单一的青釉增添了节奏韵律之感，整体的美感显示出宋代追求理性之美的艺术风格。三足洗是代表汝官窑瓷器水平的杰出之作。

乾隆皇帝喜欢作诗，传世的诗作有近5万首，其中吟咏陶瓷的诗作有200余首，多刻于清宫收藏的瓷器上。汝窑三足洗一直在宫中流传，清代乾隆皇帝对此器倍加珍惜，专门吟诗一首，令宫廷玉匠师镌刻于器之外底，诗曰："紫土陶成铁足三，寓言得一此中函。易辞本契退藏理，宋诏胡夸切事谈。"更为此三足洗增添了传奇色彩。

定窑孩儿枕

定窑孩儿枕，产于北宋时期，因造型极为生动，雕工十分精细，被评为"九大镇国之宝"之一。

定窑是北宋五大名窑之一，以盛产白瓷著称。经考古工作者的调查研究，其窑场在今河北省曲阳县境内，曲阳在宋时属定州，故而得名。定窑规模最大的烧瓷地点在曲阳县的涧磁村和东西燕山村一带。据研究，定窑白瓷始烧于唐朝晚期，是继唐朝邢窑白瓷之后兴起的一个巨大的瓷窑体系，五代时进一步发展，北宋时达到了鼎盛时期，其产品曾风靡一时。

北宋中期以后，由于所烧瓷质地精良，纹饰秀美，曾被选为宫廷用瓷。定窑除烧白瓷外，也兼烧黑釉、绿釉和酱釉等瓷器，但在种类繁多的定瓷中，以白瓷最佳。宋朝盛行烧制孩儿枕，除定窑以外，景德镇窑的青白瓷，耀州窑的青瓷都有孩儿枕传世，但枕式各异，各具特色。

定窑白瓷孩儿枕长30厘米，高18.3厘米，宽11.8厘米，现藏于北京故宫博物院。此枕造型极为生动，雕工十分精细，活泼可爱的孩童侧卧于圆角形的床榻上，榻边饰以浮雕花纹。孩童双臂紧抱置于头下，双脚互相叠压微微翘起，身穿丝织长袍，袍上的团花、褶纹清晰可辨。以孩儿背部作为枕面，光滑平整，孩童双目圆睁，炯炯有神，面部神态天真、自然、顽皮，大有呼之欲出之感。

瓷枕胎质坚硬洁白，釉色细腻纯正。由于在胎泥中含有一定量的氧化铝和氧化钛，采用氧化焰烧制而成，所以北宋定窑白瓷的釉质格外莹润，且白中微微泛黄，呈现出象牙白的质感，柔和悦目，再饰以刻印纹饰，使白瓷的艺术效果达到了前所未有的高度。这件定窑的白瓷孩儿枕的烧制成功，充分显示了定窑制瓷工匠高超的技术水平。

据悉，瓷枕始烧于隋代，唐朝及其后逐渐盛行。而宋代烧制的瓷枕，更是造型新颖，花样翻新。这件白瓷孩儿枕比较罕见，传世的仅此一件，极为珍贵。

哥窑鱼耳炉

哥窑鱼耳炉，是宋代杰出代表作，因窑存世稀少，被选入"镇国国宝"之列。

相传南朱龙泉有章生一和章生二兄弟两人，他们都精于制瓷，并各主持一窑，章生一所烧的窑就叫哥窑，章生二所烧的窑便称弟窑或称龙泉窑。哥窑和弟窑的瓷器均负盛名，其哥窑青瓷以纹片著称。釉面开有大小相错的冰裂纹，大片者色深，小片者色浅，呈金黄色，人们称之为"金丝铁线"。

哥窑鱼耳炉，宋代，高8.9厘米，口径11.9厘米，现藏于中国

历史博物馆。哥窑鱼耳炉为宋代哥窑的杰出作品。口沿微侈、圆唇，腹体上部稍收，下部外鼓、圈足，腹壁有两个左右对称的鱼耳。胎骨呈灰黑色，内外壁满施炒米色釉，釉面有"百圾碎"和"鱼子纹"细开片。

开片纹最初的形成主要是由于工艺处理不妥，致使胎釉的膨胀系数相差过大而出现的一种裂纹，这实际上是一种缺陷。但宋代的制瓷工匠化腐朽为神奇，巧妙地利用了这一缺点。作为装饰瓷器的一种手段，通过工艺上的加工，来控制裂纹的大小和疏密，使釉面呈现出有的像冰裂，有的如蟹爪，有的似鱼子和牛毛的纹路来，达到了难以预想的效果，使哥窑青瓷别具一格。

此外，哥窑青瓷一般是口沿釉薄的地方和底足无釉的圈足常呈现紫黑色，很是美观，称"紫口铁足"。哥窑青瓷多为传世佳品。这件哥窑鱼耳炉最早为沈阳故宫收藏，后转为北京故宫博物院藏，1959年又拨给中国历史博物馆珍藏。

哥窑瓷纹片总的特点是平整紧密，片纹开裂成上紧下宽状。哥窑产品是一种品位很高的青瓷，釉为无光釉，釉层较厚，最厚处几乎与胎骨的厚度相等。它具有各种美丽的颜色，如米白、粉青、灰色、灰绿等。其胎体大多为紫黑色、铁黑色和浅灰色。胎体薄而致密。由于哥窑青瓷具有很高的艺术水平，被后人列入宋代五大名窑之中，但哥窑窑址至今尚未发现，仅有实物传世，主要有各式炉、瓶、洗、盘、罐等。大多收藏在北京故宫博物院和台北故宫博物院。

元青花釉里红镂雕盖罐

　　元青花釉里红镂雕盖罐，1964年5月出土于河北保定，此罐集青花、釉里红、镂雕技法集于一身，实为罕见。

　　元代在中国陶瓷发展史上是一个很重要的时期。由于古代文献中有关元代瓷器生产方面的记载很少，而且亦很简略，因此过去相当长的一段时间里，元瓷一直被忽视。1929年，英国人霍布逊撰文向世人介绍英国伦敦大维德基金会收藏的颈部题有"至正十一年（1351年）"的青花云龙纹象耳瓶，人们才开始注意元代青花瓷器。

　　20世纪50年代初，美国的波普博士依据此件元青花瓷器，采取对比研究的方法，从伊朗德黑兰和土耳其伊斯坦布尔萨拉依博物馆所藏中国瓷器中，认定一批与"至正十一年"青花云龙纹象耳瓶风格相似的元代青花瓷器，并提出"至正型"产品这一概念，促使对元青花瓷器的研究进入高潮。此后，在中国以及日本、菲律宾、印度尼西亚、埃及等国都有元青花瓷出现。国内在元代居住遗址、元代窖藏、元代墓葬和明初墓葬中，陆续出土了不少元代青花瓷器，如北京元朝大都遗址、河北省保定市窖藏、北京旧鼓楼大街窖藏、江苏省金坛县窖藏、新疆霍城县窖藏、江西省高安县窖藏、湖南省常德县元墓、安徽省安庆市元墓、江西省鄱阳县元墓以及南京市明初墓葬等。特别是河北省保定市元代窖藏，因其在国内系首次批量发现元代瓷器，而且品种多、质量精，格外引人注目。

　　1964年5月11日，保定市建筑公司第一工程处，在保定市永华路南小学建筑施工时，在深约1米处的地基中发现元代文物窖藏，出土元代瓷器11件，其中元青花釉里红镂雕盖罐1对，青花海水龙纹八棱梅瓶1对，青花狮球纹玉壶春瓶1件，白釉印花龙纹盘1件，白釉莲瓣式杯1件，蓝釉描金匜（yí）、杯、盘各1件，青花八棱执壶1件。这批珍贵的元代瓷器出土后，在国内外引起轰动，为研究景德镇元代瓷器生产提供了重要的实物资料。11件瓷器中最为精美和珍贵的，当属两件元青花釉里红镂雕盖罐。两件罐出土后，一件由河北省博物馆收藏，另一件由北京故宫博物院收藏。

  元青花釉里红镂雕盖罐，通高41厘米，口径15.5厘米，足径18.5厘米。圆唇、短颈、丰肩、硕腹，腹下部渐敛，近足处外撇。内外均施釉，釉色白中泛青，底部无釉，有浅宽圈足。器腹四面以双重串珠作菱形开光，开光内镂雕洞石四季花卉，山石、花朵涂红釉，叶染钴蓝色，红、蓝相映生辉。罐其他部位均以青花装饰，颈部绘缠枝菊纹，肩部绘四个如意头云纹，间以四折枝菊花，云头内为青花海水地留白莲花纹。腹下部与肩部四如意头相对描绘四折枝花纹，近底处为卷草纹和仰莲辫纹。附伞形盖，盖顶塑蹲狮钮，盖面为覆莲瓣纹。形体饱满，工艺精湛，装饰上体现出主次分明、浑然一体的艺术效果。罐类一般用作盛器。此罐不仅可以实用，而且具有很高的观赏价值。

  此种造型的瓷器是元瓷中的多见器物，大都以单一的青花或釉里红装饰，像这样将青花、釉里红、镂雕技法集于一身的，尚不多见，除国内出土的这一对以外，还有两件存于国外，一件现藏于英国伦敦大维德基金会，另一件由日本私人收藏，遗憾的是两器均缺盖。与青花相比，釉里红对烧成条件的要求更为严格，在二者共存一器的情况下，欲使釉里红色纯正，难度很大，此器的烧制成功，当属不易。

元青花鸳鸯莲花纹盘

元青花鸳鸯莲纹盘，收藏于北京故宫博物院，因造型美观大方且规整，被誉为"元代晚期景德镇窑青花瓷器之精品"。

元青花鸳鸯莲纹盘，元代，高7.3厘米，口径46.4厘米，足径29.8厘米。现存于北京故宫博物院。

此盘为元朝后期景德镇窑的产品，造型特点是：盘折沿，呈16瓣菱花口，沿面较宽，腹壁微曲，盘底宽平，圈足，素胎砂底，胎体厚重，胎质细密，施白色釉，釉色莹润光洁，通体一致。青花装饰图案满布盘中，但严谨有序，线条流畅。盘口外沿，画一道起伏的边线，沿面施一周连续的菱形锦纹，盘腹壁绘缠枝莲花六朵，相间的三朵为莲花盛开，另外三朵外瓣已开，中心花瓣含苞欲放。在盘心主题纹饰的周围，施两道双线弦纹。主题纹饰由五组莲花组成，在莲池中绘有两只生动活泼的鸳鸯，左边的鸳鸯回头盼顾，右边的一只奋力追逐，整体构图静中欲动，极为传神。

此器造型美观大方且规整，为元代典型盘式。其绘画精致，纹饰构图严谨，以多层带状辅纹衬托主题花纹，各层花纹间以青花双圈线相隔，装饰饱满而主次分明。青花色泽艳丽，系用进口的苏泥勃青料。此盘为元代晚期景德镇窑青花瓷器之精粹。

青花是釉下彩瓷的一种，它具有造型古朴大方，釉色明朗纯正，花纹清新典雅等特点，长期以来深受国内外人们的喜爱，成为中国制瓷业中一朵永远盛开的鲜花。青花瓷的制作极为精细，其方法是用研磨精细的青花料（用含氧化钴的钴矿土做原料），在已经制好的但未经素烧的瓷坯上绘出花纹图案，而后再罩上一层透明釉。入窑后，在1 300摄氏度左右的高温下一次烧成，结果呈现出白地蓝花，相互辉映，形成了清新明丽的统一风格。因青花瓷的釉和青花料中无铅，避免了对人体的毒害。所以，青花瓷器既适合做餐具也适合做各种饮食器具。

　　元青花在中国陶瓷发展史上占据重要地位。根据出土器物分析，至迟在元后期已成功地烧出青花瓷器，花纹特点是布局严谨，主次协调。主题纹饰主要有游鱼、水草、龙纹、飞凤、双鸭、鸳鸯等。人们长期以来，视鸳鸯为爱情的象征，所以鸳鸯纹饰都是成双成对的，鸳鸯纹饰自隋唐以来在瓷器上也大量出现。宋元之际，鸳鸯戏莲纹广泛流行。元青花所用的钴料有进口和国产两种，进口钴料所呈现的花纹色泽浓艳，釉面往往有黑色斑点，而国产钴料所呈的花纹比较清新淡雅。

元青花鬼谷子下山图罐

　　2007年7月12日，在伦敦佳士得拍卖会上，"元青花鬼谷子下山图罐"以人民币2.3亿元成交，整整高出估价一倍，雄踞当年佳士得拍卖品价格榜首，并创下了亚洲艺术品在全球拍卖史上的最高纪录。

　　"元青花鬼谷子下山图罐"于20世纪初，被一位荷兰军官在北京驻扎时所掠。这位荷兰军官去世时，曾有拍卖行对此罐进行估价，但当时人们对中国元代青花瓷器的认识还不充分，估价仅几千美元。谁能想到，在几十年后的今天，当这个景德镇窑生产的"元青花鬼谷子下山图罐"再次展现在世人面前时，竟拍出了令世人瞠目结舌的天价。在存世甚少的元青花瓷器中，绘有人物故事题材的更是少之又少。截至目前，像"鬼谷子下山图罐"这样绘有人物故事的元青花罐，传世品中仅有8件。

"元青花鬼谷子下山图罐",通高29.8厘米,口径21.4厘米,地径20厘米,平口,短直颈,丰肩,圆腹,底圈稍微向外延展,瓶身中间向腹部、颈部两端内收,呈现弧形;底部素色,挖足较浅,圈足斜削,有明显弦纹,中心微鼓。

整件器形还算完整,器身略有比黄豆稍大的凸起(由烧制过程中产生的气泡所致),青花料有铁斑和晕散现象,符合元青花特征,胎体晶莹光滑,胎骨厚实,内壁稍欠均匀,足里微凹。瓶身一共由四层纹饰所装饰,分别是一层颈部的水波纹,二层肩部的缠枝牡丹,腹部为主题装饰,绘有"鬼谷子下山"的典故。四层为变体莲花瓣纹内部添有杂宝,俗称"八大码"。整体来看,青花色彩浓艳,纹饰主次分明,疏密得当,人物刻画流畅自然,神韵备至。山石皴染大方得体,用笔酣畅淋漓。人物与环境构成了一幅既能诠释故事又能表现美感的图卷。

"鬼谷子下山"的故事最早出自《战国策》。鬼谷子,也称鬼谷,传说为战国时一位隐士,他学识渊博,具有政治、军事、外交、天文、地理、数术等多种才能,因其隐居地名为"鬼谷"而得名。鬼谷子有弟子500余人,其中不乏功成名就、出将入相者。战国时期杰出的纵横家苏秦、张仪、毛遂及著名军事家孙膑、庞涓、尉缭子等皆是其门下高徒。

鬼谷子系统总结了战国时代游说之士从事纵横外交、出谋划策的理论、策略和方法,集纵横术(即外交游说学说)之大成,编著写成《鬼谷子》一书,成为纵横家经典著作。经由苏秦、张仪等付诸实践,建功立业,终使鬼谷子纵横学说名显当世。鬼谷子因此被尊称为纵横家鼻祖。同时,鬼谷子的另两名高徒孙膑、庞涓则深得兵学玄要，学成出山后成为一代名将，尤其是孙膑继承祖传《孙子兵法》写就《孙膑兵法》，在中国军事学上占有重要地位。鬼谷子因此又被尊称为兵家之祖。

"鬼谷子下山"的故事内容说的是在战国时期，燕国和齐国交战，为齐国效命的孙膑被燕国所擒。鬼谷子得知爱徒有难，便率众人下山前去营救。这件元代青花人物罐"鬼谷子下山"描绘的便是当年鬼谷子下山救徒的情景：鬼谷子端坐车中，身体微微前倾，一副道骨仙风的模样，其神态镇定自若，好似早有谋略在胸中；拉车二兽左侧为豹，右侧为虎，均瞪目急跑；车前两个步卒手持长矛开道，一位壮士手持书有"鬼谷"二字的旗子，纵马前行。苏代（苏秦的弟弟，也是著名的纵横家）骑马殿后。

永乐青花压手杯

> 永乐年造压手杯，坦口、折腰、沙足滑底，中心画有双狮滚球，球内篆书大明永乐年制六字或四字，细若米粒，此为上品，鸳鸯心者次之，花心者又其次也，杯外青花深翠，式样精妙。传世可久，价亦甚高。
>
> ——谷应泰著《博物要览》

永乐青花瓷器中篆有官窑年号款的，仅见于压手杯一种，杯体宛如小碗状，口沿外撇，鼓腹，折底，滑底沙足，顺口沿而下，胎骨渐厚，握于手中时，微微外撇的口沿，正压合于虎口，体积大小适中，分量轻重适度，如将其托于手上，则切合于手心，故得"压手杯"之美名。《通典》亦云："永乐压手杯坦折腰、沙足滑底，以把之，口正压手，故名。"

明永乐时期是中国青花史上的一个高峰。永乐三年开始，三宝太监郑和曾先后七次下西洋,足迹远涉地中海、东非一带。他既向外推销了中国的瓷器产品,又带回了制瓷所需的"苏麻离青"色料,为景德镇烧制独具特色的青花瓷提供了原料。这种进钴料施于瓷器上,色泽浓艳。与国产钴料发色上有明显的不同,这种青料含锰量较低,含铁量较高,低锰可减少青色中的紫、红色调,在适当的火候下,能烧成像宝石蓝一样的色泽,铁往往会在青花部分出现黑疵斑点,形成散青现象,散晕在瓷胎和瓷釉中间,犹如宣纸上的水墨画有泅染(墨水着纸向周围散开)效果一样,点染描画,更衬托出纹饰的幽雅。这些都被视为无法模仿的永乐青花器的成功之诀,充分表现了永乐瓷釉的独特。

永乐青花瓷底釉白中闪青,色泽滋润匀净,青花浓重艳丽,自然晕散,黑斑星罗棋布,后世仿品终难以克服色调飘浮的弊病。永乐时期的青花瓷器,以其胎、釉精细、青花浓艳、造型多样而久负盛名,被称为中国青花瓷器的黄金时代。小巧玲珑的日用器皿,在这一时期有很多新的创制。永乐青花压手杯即是永乐时期景德镇彻窑厂创造的一种新器型,亦是当时十分特殊的器物。

永乐青花压手杯,是明代瓷器中唯一一种能与文献记载相互印证的实物,具有很高的艺术价值和研究价值。明谷应泰撰写的《博物要览》一书中,特别提到过这种杯,并对此有详细记载:"永乐年造压手杯,坦口、折腰、沙足滑底,中心画有双狮滚球,球内篆书大明永乐年制六字或四字,细若米粒,此为上品,鸳鸯心者次之,花心者又其次也,杯外青花深翠,式样精妙。传世可久,价亦甚高。"说明压手杯款式共有两种,是具有很高价值的传世珍品。《博物要览》刊行于明天启年间,说明到晚明时期,压手杯异常名贵。

现在永乐青花压手杯真品仅有三件半,且全部收藏于北京故宫博物院,除此之外,在国内外各大博物馆均未发现藏品。何为半件?半件是指残破后经修补,作为珍贵资料保存的那件。

三件完好的珍品其中一件高5.1厘米，口径9.15厘米，足径3.95厘米，重158克。杯撇口、弧壁、垂腹、丰底、圈足，杯心单圈内绘双狮滚球，球内用青花篆书"永乐年制"4字款，内口沿下绘青花双边线，外口沿下绘青花朵梅边饰一周，腹部绘八株缠枝番莲，番莲丰盈肥硕，枝蔓宛转流动，足边一周卷枝纹做辅助纹饰，纹饰安排主次分明，均以柔和婉转的线条，组成土方连续图案，青花用料为进口的苏麻离青，肪体釉色白中闪青，尤其是内足际积釉处，泛青更为明显。

　　胎体厚重，它的成型是由口沿至底部逐渐加厚，愈接近底部愈厚，拿在手中有沉甸甸的感觉，近底部逐渐增厚的胎体，使杯的重心处于底部。这样，杯盏不易倾倒，外口沿的互梅装饰图案愈显出器物的精巧、灵秀，器身所绘丰满的缠枝莲与器物造型互相映衬，于质朴中见灵秀。

　　杯心所绘双狮戏球本是民间在喜庆节日表演的一种舞蹈，寓意欢乐吉祥。陶工们以此为题材将之凝练成画于杯心，并将"永乐年制"4字款识写于球内，可谓独具匠心。这种功妙的安排，充分反映出景德镇陶工们的高度艺术修养，同时也说明当时景德镇一些精美的官窑瓷器制作、瓷画题材取材于民间，来源于生活，这些绘画和装饰图案，都非常富有生活情调和生活情趣。

乾隆粉彩镂空转颈瓶

　　透过"乾隆粉彩镂空转颈瓶"景窗可以看到套瓶上的婴戏图，童子们或骑马，或打太极旗，或持伞盖，或击鼓，或打灯笼，千姿百态。

　　乾隆粉彩镂空转颈瓶，清代瓷器，高41.5厘米，口径19.5厘米，足颈21厘米。现藏于北京故宫博物院。瓶口外撇，瓶喇叭形，象首形双耳，短粗颈，颈两侧堆塑像耳，垂肩，鼓腹，圈足。瓶内套一只直腹小瓶，与外瓶颈部相接，可以转动。

口里与底部施豆绿釉，瓶口、颈上、象形双耳、底足边沿皆施金彩，增加了全器粉彩富丽华贵的艺术效果。内里的小瓶白釉底，上饰粉彩。瓶颈与肩两部位，各绘十二个开光，上下相对。颈部开光中，有楷书"万年""甲子"及篆书天干名。

颈部装一套环可旋转，并沿周标写的天干，可与器身标写的"地支"相对，组合成变化无穷的万年历。肩部开光内篆书地支名。颈部绘饰紫色地上加画如意形边饰与缠枝菊花纹饰。纹饰以蓝色为主，其中点画暗红、黄、黑等色彩。腹部黄釉着色，上面绘次蓝彩缠枝花卉，开光着黑色地，足部仍为紫色地加花卉边饰。

瓶为圆腹，腹部饰黄地轧道的缠枝花纹，并镂空出四组四季园景开光景窗，由于颈部转动，可从中透视到内心瓶上的图案，有走马灯的效果。透过景窗可以看到套瓶上的婴戏图，童子们或骑马，或打太极旗，或持伞盖，或击鼓，或打灯笼，千姿百态。瓶之象耳、口沿及镂空景窗边缘部位均施金彩。瓶内施松石绿釉。底青花篆书"大清乾隆年制"6

字款。

　　瓶体须三部分分别烧绘，在工艺过程中，各部位的收缩比例要控制好，避免在组装、粘接、补彩后出现纰漏。这件粉彩转颈瓶陈设器是乾隆八年（1743年）后特制的新式品种，是由景德镇御窑生产，造型多样。用干支装饰的转颈瓶构思巧妙，既是观赏品，又可作显示干支年历的实用品，色彩艳丽美观，图案繁华精细。

　　粉彩又称软彩，是清代瓷器生产中一个新的成就，创烧于康熙年间，盛于雍正、乾隆时期。制造原理是在绘画彩料中加进了玻璃白（由天然矿物质白信石、铅熔块、硝酸钾等配置而成），使花纹的色彩可分别明暗，渲染接色，使每一种颜色都有丰富的层次，显得柔和而俊雅。改变了古彩单线平涂的生硬色调，表现力极强。粉彩是五彩制瓷工艺进一步发展的结果，在工艺上引进了西洋技法。

乾隆金瓯永固杯

　　金瓯永固杯，是乾隆皇帝御制国宝，也是世界上金银器代表作之一，是中国极为罕见的周易吉祥宝物，具有巨大的历史研究价值，极为珍贵。

　　在北京的故宫博物院珍藏的百万件文物中，历史价值和艺术价值堪称"上乘"的文物数不胜数。其中"金瓯永固"杯却以它特殊的历史和精湛的艺术价值独占鳌头，可谓宝中之宝。"金瓯永固"杯是清代皇帝在新年伊始行开笔仪式时用的法物之一。

　　清宫开笔仪式始于雍正年间。其仪式的程序是，在明窗内坐定，先浏览一遍本年的时宪书（皇历），表示皇帝关心农业，再提笔写一些风调雨顺的句子，祈祝农业丰收、国泰民安。皇帝开笔仪式之后，宫廷乃至民间才能在新的一年中动笔写画。雍正年间的新年开笔仪式比较简单，没有固定的开笔法物。到乾隆年间新年开笔仪式才有了专用的用具。"金瓯永固"杯就是这一时期的产物。

乾隆时期是封建社会最后一个鼎盛时期，在他统治初期，已有其祖父康熙皇帝和其父雍正皇帝两朝奠定的稳固基础，加之乾隆继位后励精图治，国家政治、经济、文化空前繁荣。康雍两朝还无暇顾及的宫廷礼仪，到乾隆帝时逐步完善并重新建立健全。乾隆四年十一月，乾隆令内务府造办处为新年开笔仪式，制作一件盛屠苏酒的金酒杯。造办处镶嵌作坊的匠役们立即按照皇帝的旨意设计多件纸样，呈请皇帝过目。乾隆看过后，对其下旨曰："此金杯要做三足鼎立样，一面镌金瓯永固四字，一面镌乾隆年制。"

在乾隆的直接旨意下，造办处的能工巧匠制出了"金瓯永固"杯。

"金瓯永固"杯造型别具一格，通体高12.5厘米，杯口直径8厘米，用黄金20两。杯身呈"U"字深斗状，杯底足由三个卷鼻象头呈鼎力形供承杯身。在杯口平齐处有两个立夔龙状的杯耳，夔龙头顶各缀有一颗特大珍珠。金杯通体鎏金宝相花纹饰，用点翠工艺在鎏金凹处嵌宝石蓝色翠鸟羽毛。宝相花心镶嵌珍珠作花蕊。杯身正中用红宝石镶嵌出一朵大宝相花，雍容华贵，奇丽无比。

从"金瓯永固"杯的造型来看，夔耳、象足寓意国家经济富足，江山稳固。宝相花是富贵花，和平花，象征天下太平，人民生活幸福美满。再从"金瓯永固"杯的制作工艺来讲，可谓集鎏金、镶嵌、点翠、磨光于一体，在炫目、美丽、金光灿灿的光泽中增加了红宝

183

石、蓝宝石、白珍珠、翠鸟毛等多种颜色，使其色彩斑斓，极为生动。尤其是金杯本身所用"錾花"的工艺，是以大小不同的纹理錾子，用小锤熟练地打击錾具使金属表面留下深浅不同的錾痕，形成各种别致的纹饰，呈现出既有规律又不拘泥的明暗对比层次，使原来单一的色调处理成多角度、多层次、变幻无穷的装饰效果。

　　内务府造办处的工匠所用的"点翠"工艺属于传统高端技术，过程非常精细、复杂。首先要选色彩娇艳的活翠鸟多只，趁着翠马灵活转动头部时，取下它颈部的羽毛，因为活翠鸟羽毛有闪亮的光泽。在器物凹陷部涂上黏合物，再用细小的镊子夹起一丝丝纤细的翠鸟羽毛，整齐紧密地粘在凹陷处。凹陷处全部补贴上翠鸟的羽毛，更加突出立体感。

　　"金瓯永固"杯造型别致，通体珠宝。其名称的由来，更独具匠心，"金瓯"寓意国家政权，据《南史·朱异传》载："我国家犹若金瓯，无一伤缺。"可见清代皇帝精心制造"金瓯永固"杯，是希望江山永葆，帝祚延绵之意。

第十一章 手工技艺：工匠的精巧

黄花梨浮雕螭纹圈椅

黄花梨浮雕螭纹圈椅，制作柔和、外形美观大方且尺度比例和谐，体现了完美的尺度与人体工学的科学性，明代以来被称为"圆椅"。

黄花梨浮雕螭纹圈椅，明代，通高103厘米，座面63×49.5厘米。圈椅也叫太师椅，这件太师椅造型大方、流畅，富于变化，其等级高于其他椅式，极受世人推崇。黄花梨又名"降香木""海南黄花梨"，以海南省产为最佳，多被明清两朝木匠用作高级家具木料。黄花梨浮雕螭纹圈椅是明朝皇宫的极品家具，现藏于北京故宫博物院。

家具也有自己的历史。几千年来，经历了无数次的变更，到宋代时，桌椅等高型家具逐步取代了千年来的席地而坐的传统式习俗。随着经济的繁荣，家具种类日益繁多，并趋于实用。当时出现了一种名为高椅的坐具，它的坐面用丝绳纺编，有些像现

在的折叠马扎，竖向靠背，有的是直形措脑，有的是圆形搭脑。

从北宋末张择端《清明上河图》中药铺赵太丞家柜台前放的高椅可清晰地看出它的外形。这种椅子较轻便，携带方便，可供人仰首休息。宋代桌椅虽然普及，但是女子还不能随便席坐，坐椅就是失礼。到金元以后，席地而坐的风俗习惯才被彻底摒除，女子也可以坐椅、凳。不过，有些特殊的椅子仍然不是每个人都可以坐的。

椅子作为一种身份的标志和权力的象征被制造出来，在明代出现了既显示出尊贵而又不张扬跋扈的太师椅。明代是自汉唐以来，中国家具历史上的又一个兴盛期。随着当时经济的繁荣，城市的园林和住宅建设也兴旺起来，贵族、富商们新建成的府第，需要装备大量的家具，这就形成了对于家具的大量需求。明代的一批文化名人，热衷于家具工艺的研究和家具审美的探求，他们的参与对于明代家具风格的成熟，起到一定的促进作用。

太师椅是在宋代高椅的影响和启迪下创造出来的，不同的是它的框架是固定结构，制作方法主要是榫卯工艺，一般不用金属钉子，而且有扶手，风格十分典雅。在材料的选择上也十分讲究，多用黄花梨、紫檀木、杞梓木、红木等质地坚硬的硬木为料，所以通称为硬木家具。硬木制成的桌椅，色泽沉着柔和，纹理清晰，可以充分显示出天然风度美。所以，明代的家具一般不着漆，外表施上透明蜡，显得十分光泽、高雅。在造型与结构方面简洁、美观大方，具有很高的艺术性。

宫廷中所用的椅子更是别具一格。如黄花梨浮雕螭纹圈椅便是皇宫中使用之物，其样式十分精美，椅圈圆婉柔和。其局部与局部的比例、装饰与整体形态的比例，都极为匀称而协调。坐在上面感到非常舒服。后背还用一块整板，浮雕出两条左右回旋的螭，栩栩如生，颇有动感，不失为一件艺术品。

金丝蟠龙翼善冠

　　金丝蟠龙翼善冠，因其制作工艺技巧登峰造极，堪称精美绝伦的艺术珍品，是中国目前现存唯一的帝王金冠，堪称国宝。

　　定陵是明神宗万历皇帝朱翊钧（公元1563—1620年）的陵墓，坐落在北京昌平天寿山下。定陵出土各类珍贵文物3 000多件，其中较为引人注目的是在万历皇帝梓棺头骨旁一只圆盒中放置的这顶金冠。

　　金冠本名"翼善冠"，全称为"金丝蟠龙翼善冠"，金器，明万历皇帝御用头冠，高24厘米，直径17.5厘米，重826克，现收藏于定陵博物馆。

　　根据《明史·舆服志》记载，明代皇帝常服，戴乌纱折角向上巾，其后名翼善冠。

　　此翼善冠分为"前屋""后山"和"金折角"三个部分，纯金制成。金冠以极细的金丝编结而成，外貌类似轻薄的纱冠，重量很轻，工艺极为精致。其前屋部分，以518根0.2毫米细的金丝编成"灯笼空儿"花纹。由于当时的工匠技艺纯熟，所编花纹不仅空档均匀、疏密一致，而且无接头、无断丝，看不到来龙去脉，有如翼翼罗纱轻盈透明。

　　后山与折角也全用金丝编成，编织形式同前屋。后山部分左右各饰一条金龙，二龙于冠的顶部汇合，龙头在上。龙头中间有一圆形火珠，构成二龙戏珠状。龙身弯曲盘绕在透明的金丝网面上。其中二龙的头、爪、背鳍和二龙之间的火珠，全部采用阳錾工艺进行雕刻，呈半浮雕效果。龙身、龙腿等部位的每个鳞片均以金丝搓拧成的花丝制成，然后码焊成形。如此复杂的图案装饰，却不露丝毫焊口痕迹，不能不让人拍案叫绝。

此金冠在制作过程中，还采用了中国传统的累丝工艺。累丝是金属细工中最为精巧的一种工艺。它是用细如发丝的金银丝，通过盘曲、累积和焊连组成各式图案，其中立体的累丝制品制作难度更大，需事先经"堆灰"。"堆灰"即把炭研成细末，再用白芨草炮制的黏液调和作为塑料，塑成所要制作的物象，这如同青铜铸造工艺中的制模。然后再在上面进行累丝，待用焊药焊连后，置于火中把里面的炭模烧毁，即形成立体中空、玲珑剔透的工艺美术品。

金丝蟠龙翼善冠是明代黄金工艺品中罕见的精品，既有实用价值，又有极高的艺术价值，反映了明代皇家金银器工艺的技术水平，是目前中国现存唯一的帝王金冠，堪称国宝。

乾隆金发塔

金发塔是乾隆皇帝为逝世的母亲崇庆皇太后建造的，用于盛放皇太后的头发，是北京故宫现藏最高、最重的金塔。

金发塔，清代，高147厘米，底座66厘米见方，现藏于北京故宫博物院。金发塔是清乾隆皇帝为存放其母亲的头发而特制的金塔。保存和供奉伟人或先辈的头发，历来是作为一项纪念活动，用以表明自己的哀思和孝顺。相传，为收藏佛祖释迦牟尼的遗物曾建塔十座，其中便有一座是发塔。

乾隆四十三年（1778年），乾隆皇帝的生母崇庆皇太后病逝，为表示对母亲的怀念，乾隆皇帝不惜重金下令内务府特制一形制精美的金塔，用以收藏其母生前梳落的头发，供奉于佛堂。这座金塔耗金 3 440 两，金塔由下盘、塔斗、塔肚、塔脖、塔伞、日、月以及用绿松石做成的璎珞等部分组成。塔分十三层，每层均雕阳梵文，塔身呈圆锥形，中有一门，内放金佛一座和一长方形发盒。塔底金雕花须弥座，束腰雕舞狮，通体均匀密布红、蓝宝石和绿松石，整座金塔纹样端庄，构图完美，繁而不乱，高俊而精巧，实为一件艺术佳作。金发塔虽然经历了 200 多年，却依然闪闪发光，显示出当年工匠们的精湛技艺。这是清宫遗留的诸金发塔中最重最大的一件。

金嵌珍珠天球仪

金嵌珍珠天球仪是乾隆皇帝命令清宫造办处用纯金打造而成，通高 82 厘米，工艺精湛，极具奢华，是乾隆时期的稀世珍宝。

金嵌珍珠天球仪，又叫浑天仪、天体仪。远在西汉时期，中国科学家就发明了这类仪器，以观测天体运行。古人以观测者为中心，无限大为半径的球叫做天球，把天与地的关系，比喻为"天如鸡子，地为中黄，居于天内"。

金嵌珍珠天球仪，清代，通高82厘米，球径30厘米，国家一级文物，现藏于北京故宫博物院。

这件天球仪，是乾隆皇帝命令清宫造办处用纯金打造而成，用珍珠镶嵌星辰的天球仪，工艺精湛，极具奢华。球体由金叶锤打的两个半圆合为一体，接缝处为赤道。两端中心为南北极，两极贯以轴，在北极有时辰盘。距赤道23度多为黄道，赤道与黄道的相交点为春分，秋分。球外正立的是子午圈。

球体上布列星辰，全用大小珍珠镶嵌而成，上有三垣（紫微垣、太微垣、天市垣），28宿，300个星座，3 242颗星，比例恰当，位置准确，反映出中国清代高超的天文科技水平。

球下为云龙支架，有錾金行龙九条，升龙四条，头上尾下的腾龙擎住球体。降龙形成支架稳固球体，中间一龙联结上下部分，成游龙抱柱状。九条行龙采用锤牒法，形成中空的圆雕，龙的表面则以抽丝法形成龙鳞、龙髯、龙睛的纹饰。行龙吞云吐雾，形态生动，细部錾雕精细，栩栩如生。

球仪的基座为圆形珐琅盘底座，通体以细丝盘出缠技花纹，嵌以烧蓝和淡蓝的珐琅釉，以丰富多彩的色调改变了纯金的单调。景泰蓝座足又以四个龙首为形，采用高浮雕法，极富装饰性。底座中心有指南针。座下以四个兽头为足。底座上部是波浪汹涌的海水，

190中国古代艺术珍品

象征大地。大地与天球构成"上有天下有地"这一自然景象。科学的严谨和工艺的浪漫和谐集于一体，珠联璧合。

　　天球仪有一个最大的特点是球壳里面实际是钟表的机心。在天球仪顶端南部有三个孔，这三个孔放进钥匙之后经过悬拧，天球仪就可以旋转。这样就不仅可以看到天球仪是一个天文仪器，还能够生动的看到它不断地旋转，演示出天球仪星象活动的景观。这也是乾隆时期做天球仪的一个新的发展。